MIT ALLEN SINNEN WOHNEN

Bildnachweis:
Alno, Pfullendorf: 5, 15, 23M, 29, 34, 36M, 38M, 57, 66, 80, 80M, 82, 84, 91, 100, 113, 117, 120
Artemide, Hilden: 41M, 42
CMA, Bonn: 115
Descamps, Kehl: 47, 49M, 66
Domicil, Lindau: 7, 8, 12, 22, 24, 25M, 41
JAB Anstoetz/Club Creation CC Wohndecor, Bielefeld: 5, 6, 18, 20, 31M, 35, 37, 46, 48, 52M, 55, 60, 63, 64, 70, 74, 86, 106
Leonardo, Bad Driburg: 103
Manufactum, Waltrop: 4, 27, 32, 39
M. Tomek, München: 65M, 94M, 96M, 99M, 107
Osborne & Little, München: 4, 10, 62, 88, 95, 97
WK Wohnen, Leinfelden-Echterdingen: 44, 50, 76, 78, 102, 122

Text und Redaktion: Christa Pöppelmann, Thomas Martin
Gestaltung, Realisierung und Satz: Meidenbauer • Martin VERLAGSBÜRO, München
Projektbetreuung: Simone Steger
Umschlaggestaltung: Hubert Medien Design, München unter Verwendung eines Dias von Domicil Möbel GmbH

Druck: Mladinska knjiga tiskarna d. d.

ISBN 3-85492-154-3

SIMONE LENZ

MIT ALLEN SINNEN WOHNEN

Ein Zuhause zum Wohlfühlen

Inspiration für Geist und Seele

tosa

Inhalt

Mehr Wohnkultur durch „sinnvolles" Einrichten

Wenn wir uns an die glücklichen Momente des Lebens erinnern, umgeben uns plötzlich wieder vertraute Gerüche, hören wir lang vergessene Klänge, spüren Wärme und Berührungen, und haben den Geschmack unserer Lieblingsspeisen auf der Zunge. Mit allen Sinnen tauchen wir in die Vergangenheit ein. Gerade diese intensiven Erfahrungen, die Augenblicke vollkommenen Glücks, setzen sich aus einem Puzzle zusammen, an dem alle unsere Wahrnehmungen beteiligt sind. Manchmal genügt ein kleiner Anstoß, um das ganze Bild zurückzuholen. Der Hauch eines Parfums erinnert an eine langverflossene Liebe, der Geschmack von Rosmarin und Lavendel an einen wunderbaren Urlaub im Süden, der Gesang einer Lerche an ein unbeschwertes Sommerpicknick. Oft sind es sehr unscheinbare Ereignisse, die uns glücklich machen.

Erinnern Sie sich an die magischen Orte Ihrer Kindheit!

Was für die Erinnerung an flüchtige Augenblicke gilt, trifft auch auf Plätze und Gebäude zu. Jeder kennt diese Orte, die in der Kindheit einen besonderen Zauber ausgestrahlt haben. Vielleicht war es das alte Bauernhaus der Großeltern, wo stets der Geruch von Gebackenem durch Küche und Diele zog. Vielleicht war es ein Baumhaus mit seinen rauhen, nach Harz riechenden Bretterwänden, die bei starkem Wind bedrohlich-schön ins Schwanken kamen. Oder es lockte der große Atelierraum eines Künstlers, erfüllt von Licht, dem Geruch nach Farben und stets neuen Gemälden.

Kein Ort glich dem anderen. Während dieser eine Geborgenheit ausstrahlte, lud ein anderer zu geheimnisvollen Entdeckungen ein oder war einfach ein perfekter Spielplatz. Jeder entfaltete seine eigene Faszination. Die Schönheit dieser verschiedenen Plätze war dabei nicht einmal wichtig. Leuchtende Farben und betörende Düfte machten so manchen Mangel vergessen. Unsere Sinne waren in diesen Momenten so sehr von faszinierenden Details gefangen, daß wir Unbedeutendes gar nicht wahrnahmen.

Verlassen Sie sich nicht allein auf Ihre Augen!

Die Unbefangenheit der Kindheit ist den meisten heute verloren gegangen. Das liegt nicht nur am Erwachsenwerden, sondern auch an der Veränderung der Welt. Neue elektronische Medien prägen unsere Kultur mehr und mehr visuell. Optische Reize wirken stark und werden in der Werbung, in den Nachrichten, als auch in der Kunst eingesetzt. Das Auge wird zum dominanten Sinnesorgan. Geräusche oder Gerüche

In größeren Räumen kann man „Inseln“ schaffen, die ihre eigene Beleuchtung haben. Dann läßt sich beim gemütlichen Abend mit einem guten Buch der überladene Schreibtisch einfach „ausblenden“.

Bringen Sie Leben in Ihre Wohnung, indem Sie gegensätzliche Materialien und Einrichtungsgegenstände kombinieren. Der Duft von frischen Blumen und Selbstgebackenem spricht darüber hinaus auch Ihren Geruchssinn auf eine angenehme Art an.

geraten darüber oft in Vergessenheit. Und wenn sie uns erreichen, messen wir ihnen wenig Bedeutung zu. Je stärker die Eindrücke sind, die unser Auge fesseln, umso leichter vernachlässigen wir die anderen vier Sinne. Optische Schönheit wird so zu einem wichtigen Qualitätsmerkmal. Aber oft bleibt der Reiz an der Oberfläche, weil wir nicht mehr genau hinsehen und eine Sache nicht mit all unseren Sinnen erfassen.

Auch eine wunderschön eingerichtete Wohnung kann seelenlos sein, wenn sie nur das Auge anspricht. Kein angenehmer Duft verzaubert die Räume, kein schöner Klang ertönt und es fehlt die sinnliche Aussagekraft von gegensätzlichen Materialien und Oberflächen. Eine solche Wohnung bleibt ohne Leben. Niemand wird sich dort auf Dauer wohlfühlen. Oft sind die Bewohner zwar unzufrieden, aber merken nicht, was ihnen fehlt.

Trauen Sie sich, an Möbeln zu schnuppern und ihren Klang zu prüfen!

Wir sollten unsere Umwelt mit allen unseren Sinnen erfahren, denn nur wenn diese gleichermaßen angesprochen werden, fühlen wir uns richtig wohl. Das gilt besonders für die eigene Wohnung, in der wir einen Großteil unseres Lebens verbringen.

Deshalb dürfen wir uns nicht nur von unseren Augen leiten lassen. Natürlich sind harmonische Farbkombinationen, stimmige Proportionen oder die Kombination verschiedener Stilrichtungen sehr wichtig. Aber Sie sollten einen Schritt weiter gehen. Schnuppern Sie doch in einem Geschäft einmal an einem Möbelstück! Nehmen Sie sich die Zeit, mit der Hand über die Oberfläche zu streichen! Lauschen Sie dem geheimnisvollen Knarren einer Schranktüre!

Die Sinne bei der Einrichtung der Wohnung zu vernachlässigen, macht sich sehr schnell negativ bemerkbar. Das perfekt gestylte Eßzimmer bleibt dann unbenutzt, weil es in der gemütlichen Küche besser schmeckt. Der starke Raumhall im minimalistisch ausgestatteten Wohnzimmer zehrt an den Nerven. Das exzentrische Gemälde im Schlafzimmer läßt nur schwer erotische Stimmung aufkommen. Und die Armlehnen der eleganten Sessel fühlen sich unbequem und kalt an.

Mit allen Sinnen einzurichten und zu wohnen bedeutet nicht nur ein Verwöhnprogramm für Körper und Geist, es ist auch eine Rückbesinnung auf elementare menschliche Bedürfnisse, die allzu leicht vernachlässigt werden.

Setzen Sie auf die Stärken Ihrer Wohnung

Jeder wünscht sich eine perfekte Wohnung, doch nur selten läßt sich dieser Traum verwirklichen. Der Wohnungsmarkt ist eng und für große Veränderungen reichen die finanziellen Mittel oft nicht aus. Prioriäten müssen gesetzt werden, beispielsweise eine günstige Verkehrsanbindung oder ein Kindergarten in der Nachbarschaft. Viele Menschen wohnen zur Miete und können deshalb ihre Wohnung nicht gestalten, wie sie möchten. Anderen fehlt hierfür die Zeit. Eindrucksvolle Zeitschriften und prächtige Bildbände zeigen oft nur das Ideal. Doch kaum jemand verfügt über eine Villa mit unverbautem Blick, die schicke Loftwohnung oder das Haus aus der Gründerzeit.

In einer engen, dunklen Stadtwohnung vom Haus am Meer zu träumen, macht wenig Sinn und es macht vor allem nicht glücklich. Sie sollten daher lieber die Stärken Ihrer eigenen Wohnung entdecken. Wenn Sie alle Sinne zu Hilfe nehmen, erkennen Sie bald, wie Sie Ihre Umgebung harmonischer gestalten können.

Mit allen Sinnen wohnen, heißt bewußter wohnen. Je aufmerksamer Sie leben, umso leichter können Sie Ihr Umfeld gestalten. Die Erinnerung an die magischen Orte Ihrer Kindheit zeigt, wie wenig notwendig ist, um glücklich zu sein und wie leicht sich ein Mangel ausgleichen läßt, wenn das Wesentliche stimmt. Oft sind es minimale Veränderungen, die einer Wohnung mehr Charakter verleihen. Hierfür ist weder großer Aufwand noch viel Geld notwendig.

Wer sich seiner Wohnung liebevoll annimmt und sie mit wachen, offenen Sinnen gestaltet, verleiht ihr Ausstrahlung. Dies wird auch Besuchern nicht verborgen bleiben. Ihre Gäste werden gerne wiederkommen, sich wohlfühlen und den Aufenthalt genießen.

Die wenigsten Menschen wohnen in Ihrer Traumwohnung. Sei es aus finanziellen Gründen, oder einfach weil die Zeit für eine intensive Wohnungssuche fehlt.

Erste Schritte

Wohnen mit allen Sinnen

Der erste Schritt, um sich in seinen vier Wänden rundum wohlzufühlen, ist die eingehende Analyse der Räumlichkeiten. Nehmen Sie sich die Zeit! Die Wohnung sinnlicher zu gestalten, bedeutet, die eigenen Bedürfnisse wahrzunehmen, zu erkennen und umzusetzen.

Sie sollten sich mit der Einrichtung Ihrer Wohnung erst zufrieden geben, wenn Sie sich rundum wohlfühlen. Dabei ist es nicht wichtig, jeden modischen Trend zu übernehmen, sondern in erster Linie, Ihre persönlichen Bedürfnisse zu befriedigen.

Augen, Ohren, Nase und Hände sind Ihre besten Helfer

Für eine Wohnraumanalyse braucht es nicht unbedingt einen Fachmann. Wenn Sie ein paar Grundregeln beachten, können Sie Ihre vier Wände selber beurteilen.

1. Nehmen Sie sich Zeit! Die Verschönerung Ihrer Wohnung sollte eine lustvolle Angelegenheit sein. Gehen Sie das Projekt deshalb nicht unter Termindruck an. Wenn Sie im Moment sehr beschäftigt und nicht in Stimmung sind, verschieben Sie die Sache lieber.
2. Beginnen Sie mit etwas Angenehmen! Machen Sie sich eine Tasse Kaffee, schenken Sie sich ein Glas Wein ein und setzen sich auf Ihren Lieblingsplatz. Überlegen Sie dann, warum Sie sich dort wohlfühlen. Ist es der Blick in den Raum? Die Behaglichkeit des Sessels? Die Nähe zur Heizung? Die stimmungsvolle Beleuchtung?
3. Besprechen Sie Ihre Beobachtungen mit Ihren Mitbewohnern oder Freunden! Über Geschmack läßt sich bekanntlich streiten.

Tip

Verräterische Lieblingsgegenstände

Auch wenn Sie nicht jede Mode mitmachen, können Sie sich nicht jedem Trend entziehen. Deshalb verraten Dinge, die Sie schon lange besitzen, am meisten über Ihren Geschmack. Lieblingsfarben ändern sich dagegen häufig, da Farben sehr viel mit Stimmungen und Gefühlen zu tun haben. Ob Sie es aber knallig mögen oder dezent, ob Sie Zierrat lieben oder klare Formen, Gegensätze schätzen oder möglichst große Harmonie: Diese Vorlieben bleiben im Lauf des Lebens relativ konstant.

Das gilt besonders, wenn die Wohnungsgestaltung nicht nur Sie ansprechen soll. Sie geraten in Gefahr, z. B. Ihrer Familie Ihre Gefühle aufzudrängen, wo eigentlich Fingerspitzengefühl gefragt wäre. Das Unbehagen anderer über die Veränderung kann ebenso unangenehm und folgenreich sein wie offener Streit.

Augen, um zu sehen

Unsere Augen müssen ständig eine Flut von Eindrücken aufnehmen. Oft fehlt die Zeit, sie bewußt zu verarbeiten. Betrachten Sie deshalb Ihre Wohnung mit „neuen" Augen! Was mögen Sie besonders? Welcher Anblick stört Sie? Nehmen Sie Schönes und weniger Gelungenes unter die Lupe und ergründen Sie Ihre Vorlieben. Je genauer Sie beschreiben können, was Ihnen gefällt, desto leichter wird es Ihnen fallen, Ihre Wohnung umzugestalten.

Lieben Sie übersichtliche Arrangements mit klaren Linien oder ein buntes Potpourri von Dingen und Eindrücken? Bevorzugen Sie kontrastreiche Farbkombinationen oder harmonisch-weiche Übergänge? Werden Ihre Lieblingsecken von gelungenen Arrangements geprägt oder dominieren dort einzelne Stücke, die Ihnen besonders am Herz liegen?

Was stößt Sie ab? Unordnung? Gleichförmigkeit? Knallige Farben? Pompöser Dekor?

Riechen: Der subtilen Botschaft auf die Spur kommen

Uns umgeben mehr Gerüche, als wir bewußt wahrnehmen. Sie beeinflussen unmittelbar unser Wohlbefinden und unsere Stimmungen.

Eine saubere Wohnung riecht nicht. Überzeugen Sie sich vom Gegenteil! Schließen Sie die Augen und schnuppern Sie sich durch Ihre Wohnung! Was nehmen Sie wahr? Putzmittel? Essensgerüche? Den Duft reifer Äpfel aus der Obstschale? Den blühenden Baum vor dem offenen Fenster? Zigarettenrauch vom letzten Besuch? Den harzigen Duft unbehandelter Holzmöbel? Achten Sie auch auf den Duft Ihrer Mitbewohner. Dominieren ein starkes Parfum oder Tabaksqualm die Wohnung?

Gerüche verstärken sich durch Luftbewegungen. Deshalb stinkt ein Abfallbehälter, dessen Deckel durch das Öffnen der Schranktüre gehoben wird, mehr als ein schlichter Eimer.

Fühlen: Von der selbstverständlichen zur bewußten Berührung

Viele Dinge in unserer Wohnung berühren wir täglich, ohne deshalb sagen zu können, wie Sie sich anfühlen. In der Hektik des Alltags nehmen wir die Eigenschaften des Materials nicht wahr. Doch die Haut ist unser größtes Sinnesorgan. Wir sollten ihr so viele angenehme Berührungen wie möglich gestatten. Machen Sie den Test! Wieviele der Dinge, die Sie täglich anfassen, fühlen sich gut an? Welche Formen, welche Oberflächen mögen Sie?

Tip

Lassen Sie sich von Ihrem Geschmack leiten!

Ihr Geschmacksinn kann Sie auch führen, wenn es um die Einrichtung der anderen Räume geht. Wenn Sie in Ihrer Sitzecke umwillkürlich an Bratäpfel denken, dann sollten Sie sich bemühen, dieses nostalgische, behagliche Ambiente noch zu stärken. Wenn Ihnen eher ein Sektempfang in den Sinn kommt, dann achten Sie darauf, daß Veränderungen diese kühle Eleganz nicht stören.

Mit Sitzmöbeln, Polstern und Fußböden haben wir soviel Kontakt, daß ein „gutes Gefühl“ besonders wichtig ist. Suchen Sie deshalb nach den Schwachstellen in Ihrer Wohnung! Gibt es Plätze auf Ihrer Polstergarnitur, die Sie selber meiden? Wie fühlt sich ein Kunstlederüberzug an heißen Tagen an? Können Sie ausgiebig und festlich tafeln, ohne daß die Eßzimmerstühle unbequem werden? Beeilen Sie sich im Bad, weil die Fußbodenfliesen so kalt sind? Ist die Matratze noch in Ordnung oder schon ausgeleiert?

Versuchen Sie durch eine ausgewogene Einrichtung alle fünf Sinne gleichermaßen anzusprechen.

Auch Temperatur und Luftbewegungen nehmen wir über die Haut wahr. Untersuchen Sie Ihre Wohnung auf unangenehmen Zug. Verschwindet er, wenn man eine Türe schließt oder gibt es Ritzen, die unbedingt abgedichtet werden müssen? Wie sind die Heizkörper plaziert? Gibt es Ecken, die wenig genutzt werden, weil sie zu nah oder zu weit entfernt von der Wärmequelle sind?

Hören: Zwischen Orientierungshilfe und Wohlklang

Alltagsgeräusche werden oft als störend empfunden. Andererseits orientieren wir uns an Tönen. Das Prasseln des Wassers in der Duschkabine läßt uns beispielsweise wissen, daß das Bad noch besetzt ist. Die Motorengeräusche draußen auf der Straße verraten, daß der Partner gerade heimgekommen ist und gleich im Flur stehen wird. Analysieren Sie den Geräuschpegel in Ihrer Wohnung! Hören Sie Dinge, die Sie im Alltag nicht bewußt wahrnehmen, sich aber dennoch daran orientieren? Wissen Sie gerne, was Ihre Kinder gerade treiben und achten deshalb auf Schritte und Türenöffnen? Welche Geräusche sind Ihnen angenehm? Was geht Ihnen auf die Nerven? Mögen Sie das laute Ticken der geerbten Standuhr?

Bauliche Veränderungen zur besseren Schalldämmung sind aufwendig und oft nicht möglich. Viele Geräusche lassen sich durch kleine Maßnahmen aber soweit dämpfen, daß sie nicht mehr stören. Teppiche beispielsweise schlucken den Schall. Ein anderer Brausenkopf kann das Prasseln der Dusche mildern. Eine Gummilitze im Türrahmen dämpft das Zuschlagen. Gegen ein knarzendes Scharnier helfen ein paar Tropfen Öl. Auch die Auslagerung lauter Aktivitäten in andere Räume kann helfen.

Schmecken: Appetitlichkeit nicht nur beim Essen

Der Geschmackssinn spielt bei der Einrichtung oder Umgestaltung einer Wohnung sicherlich eine untergeordnete Rolle. Lassen Sie ihn deswegen aber nicht außer acht! Ein Platz zum Kochen und Essen gehört zu den wesentlichen Funktionen einer Wohnung und ein köstliches Mahl ist einer der schönsten Lebensgenüsse. Deshalb sollten Sie sich bei der Einrichtung Ihrer Küche und des Eßzimmers fragen, wie anregend die Umgebung wirkt.

Tip

Vorsicht mit künstlichem Duft!

Putzmittel sind in der Regel mit Duftstoffen versetzt, die Frische verheißen. Wollen Sie aber wirklich eine Wohnung, die in erster Linie nach Reinigungsmitteln riecht? Auch sogenannte Raumluftverbesserer haben oft einen sehr aggressiven Geruch, der sich nicht mit dem wohltuenden Duft natürlicher Aromen vergleichen läßt. Besser ist es allemal, die Ursachen des schlechten Geruchs zu beseitigen.

Die Einrichtung der Küche hat wesentlichen Einfluß auf das Kochvergnügen. Denn nur in einer anregenden und schönen Atmosphäre macht das Zubereiten der Speisen wirklich Spaß – man wird es schmecken!

Macht es Spaß, in der Küche zu kochen oder verbreitet sie eher sterile Krankenhausatmosphäre? Strahlt das Eßzimmer Sinnlichkeit aus, die mit Essensdüften und einem schön gedecktem Tisch harmoniert? Oder lenken Einrichtung und Design zuviel Aufmerksamkeit auf sich? Welche Umgebung lädt Sie zum Essen ein?

Die Substanz muß stimmen

Die gründliche Analyse der eigenen vier Wände bringt viele Anregungen für eine Neugestaltung. Manchmal offenbaren sich auch technische Mängel. Dann ist erst einmal ein Fachmann gefragt. Gegen modrige Ecken sind schöne Düfte nur ein unzureichendes Heilmittel. Unangenehmer Zug und feuchte Räume machen jede Bemühung um mehr Lebenskomfort zunichte. Außerdem verschlimmern sich viele Baumängel mit der Zeit. Trockene, behagliche Räume sind für unser Wohlbefinden wichtiger als viel Licht und große Zimmer. Verschließen Sie deshalb die Augen nicht vor den wirklichen Schwachstellen Ihrer Wohnung! Bringen Sie als erstes die Substanz in Ordnung!

Das Sick Building Syndrom ist ein von vielen unterschätztes Phänomen. Es beeinflußt das Wohnklima in erheblichem Maße, auch wenn es nicht bewußt wahrgenommen wird. Selbst in vermeintlich „natürlichen“ Materialien, wie beispielsweise Holz, können sich in der Verleimung aggressive Schadstoffe befinden.

Kleinere Mängel lassen sich oft selber beheben. Bei größeren Problemen aber sollten Sie sich an einen Fachmann wenden. Gute Handwerker finden Sie am besten durch Empfehlung. Es hilft ein ausführliches Gespräch, in dem sie genau beschreiben, was Sie wollen und wie es gemacht werden soll. Ist der Meister dazu nicht bereit oder tut Ihre Frage nach gesunden, giftfreien Baumaterialien als Humbug ab, dann sollten Sie einen anderen suchen. Je besser Ihr Anliegen verstanden wird, desto zufriedener werden Sie auch mit dem Ergebnis sein.

Sick Building Syndrom

Es gibt Mängel in einer Wohnung, die nur schwer aufzuspüren sind, aber trotzdem das Wohnklima entscheidend negativ beeinflussen. Die Rede ist von Schadstoffen. Man sieht sie nicht, oft riecht man sie auch nicht, aber dennoch sind viele Innenräume höher belastet als dicht befahrene Straßen. Das Phänomen ist als „Sick Building Syndrom“ bekannt. Trotz aller öffentlichen Diskussion rechnen die wenigsten Menschen damit, selber betroffen zu sein.

Kunststoffe geben beispielsweise langfristig Schadstoffe in die Luft ab, wenn bei der Herstellung nicht alle Moleküle fest eingebunden worden sind. Der Schurwollteppich kann flüchtige Mottengifte enthalten. Im Leim von Möbeln finden sich oft aggressive Lösungsmittel. Vorhangstoff wird meist mit gesundheitsschädlichen Kunstharzen pflegeleicht gemacht. Ganz oben auf der Verdächtigenliste stehen synthetische Teppiche, Holzschutzmittel und Polstermöbel. Meist sind die Schadstoffkonzentrationen zu gering, um wirklich krank zu machen. Doch wer empfindsam ist, kann von Müdigkeit, Konzentrationsschwäche, Kopfschmerzen oder Schlaflosigkeit geplagt werden. Wenn Sie solche Symptome über längere Zeit in einem bestimmten Raum spüren, sollten Sie einen Fachmann die Schadstoffkonzentration messen lassen.

Zum Sick Building Syndrom gehört auch der sogenannte Elektrosmog. Ob er krank macht, ist umstritten. Fest steht allerdings, daß jede elektrische Leitung von meßbaren Feldern umgeben ist. Einige Menschen reagieren darauf empfindlicher als andere. Falls Sie ein Kribbeln verspüren, wenn Sie unter einer Hochspannungsleitung durchfahren oder Kopfschmerzen bekommen, wenn Sie längere Zeit mit einem Handy telefonieren, dann gehören Sie wohl zu den Elektrosensiblen. In diesem Fall sollten Sie die elektrischen Felder abschirmen lassen.

Solide Ausstattung mit wechselnden Accessoires

Eine sinnenfrohe Gestaltung der Wohnung muß nicht aufwendig sein. Am besten hält man es wie die Frauen früherer Zeiten. Damals wurden Kleider noch von der Hausschneiderin angefertigt und waren entsprechend teuer. Also legte man sich ein Kostüm zu, das möglichst zeitlos und dezent war. Mit phantasievollen Accessoires wie Handschuhen, Schmuckstücken, Tüchern, Ansteckblumen oder Hüten gab die Besitzerin dem Kleidungsstück immer wieder ein neues, pfiffiges Aussehen und modische Akzente.

Radikale Stilwechsel sind zwar nicht nur ein Privileg der Jugend, doch gehen Sie ins Geld. Achten Sie deshalb auf eine solide Grundausstattung, die Ihrem Stil entspricht! Mit den entsprechenden Accessoires können Sie dann der neuesten Mode, den Jahreszeiten oder einfach Ihrer Lust und Laune huldigen. Sie sind so viel flexibler, als wenn Sie sich stets von Grund auf neu einrichten. Je leichter Sie etwas ändern können, desto mehr Gefallen werden Sie am Wechsel finden.

Entrümpeln bringt frischen Wind

Sind Ihnen manche Dinge in der eigenen Wohnung schon seit längerem ein Dorn im Auge? Etwa unerwünschte Erbstücke, ältere Möbel oder der unmodern gewordene Teppichboden? Seien Sie rigoros! Was Ihnen nicht gefällt, sollte aus Ihrer Wohnung verschwinden. Diese Dinge wirken wie ein sie Klotz am Bein und können allen Elan beim Umgestalten zunichte machen. Bringen Sie die Sachen beispielsweise in einen Second-Hand-Laden. So brauchen Sie sie nicht wegzuwerfen, und ein anderer freut sich bestimmt über das von Ihnen verbannte Stück.

Eine Wohnungsanalyse kann ungeheuren Tatendrang wecken. Nutzen Sie diesen Elan, lang aufgeschobene Renovierungsmaßnahmen anzugehen. Eine bessere Gelegenheit findet sich selten.

Schlichte Möbelstücke dagegen, die weder schön noch häßlich sind, dürfen ruhig stehen bleiben, bis sich etwas besseres findet. Setzen Sie sich nicht dem Zwang aus, daß jeder einzelne Einrichtungsgegenstand eine kostbare Rarität sein muß! Das belastet Nerven und Geldbeutel.

Der Weg zum eigenen Stil

Wenn man sich neu einrichtet, stellt sich schnell die Frage nach dem Stil. Ob Landhaus oder Minimalismus, Postmoderne oder mediterran: Das Angebot ist außerordentlich vielseitig. Während in der Vergangenheit jede Epoche ihren charakteristischen Stil hatte, stehen heute immer mehrere Richtungen nebeneinander. Traditionelle Stile werden wiederbelebt, ausländische Wohnkulturen kopiert. Das Angebot umfaßt Avantgardistisches ebenso wie Altbewährtes. Im Grunde herrscht das Motto „Erlaubt ist, was gefällt". Zeitschriften und Bildbände können hierbei wertvolle Anregungen geben, letztendlich aber muß jeder seinen eigenen Stil finden.

Überlieferte Wohnkulturen für nostalgischen Charme

Landestypische Wohnstile haben meist einen bäuerlichen, ländlichen Ursprung. Sie sind vom regionalen Klima und den vorhandenen Rohstoffen geprägt. Über die Jahrhunderte haben sie sich kaum verändert. Ob aus der Provence, Griechenland, Skandinavien oder der Alpenregion: Die

Das Angebot an unterschiedlichen Einrichtungsgegenständen ist heute außerordentlich vielseitig geworden. Der Möglichkeit, Stilrichtungen verschiedener Epochen oder Kulturen nach Lust und Laune zu kombinieren, sind keine Grenzen gesetzt. Diese Freiheit kann in vielen Fällen allerdings die Entscheidung für einzelne Einrichtungsgegenstände erschweren.

traditionell bäuerlichen Einrichtungen strahlen angenehmen Charme aus. Provenzalische Heiterkeit oder griechische Schlichtheit mag uns heute mehr ansprechen als die urige Gemütlichkeit einer Zirbelholzstube. Die Bestandteile sind aber die gleichen: Einfache, natürliche Materialien aus der Umgebung, über die Jahrhunderte entstandenes Kunsthandwerk und das menschliche Bedürfnis nach Schönheit und Wohlbefinden.

Die eleganten Wohnungen des aufstrebenden Bürgertums beispielsweise kopierten die Lebensart des Adels, opferten aber Funktionalität und Behaglichkeit nicht der repräsentativen Oberflächlichkeit. Besonders beliebt sind heutzutage Stilformen, die internationalen Flair, ländliche Nostalgie und sinnenfrohen Luxus vereinigen. Als Vorbilder dienen sowohl englische Landhäuser als auch provenzalische Gutshöfe, spanische Haciendas oder Villen in der Toskana.

Vom Landhaus zur Stadtwohnung: Der Stilmix der Moderne

Jeder künstlerische Stil der Vergangenheit prägte auch Mode und Innenarchitektur. In der Moderne folgten die verschiedenen Richtungen immer schneller aufeinander oder existierten parallel. Spätestens damit verschwand der einheitliche Zeitgeschmack. Einzelne Richtungen hinterließen jedoch ihre Spuren. Eine der einflußreichsten war der Bauhaus-Stil aus den zwanziger Jahren unseres Jahrhunderts. Er wollte die Ästhetik der modernen, industrialisierten Städte auf die Einrichtung der Wohnung übertragen. Alles war betont schlicht und funktional. Strenge Linien und klare Formen dominierten. Dieses Konzept wurde immer wieder aufgegriffen, manchmal mit Glas und Chrom, manchmal mit knalligen Farben umgesetzt. Gemeinsam blieben die moderne, klare Form und die spärliche Ausstattung, die in bewußtem Gegensatz zu repräsentativer Eleganz und ländlichem Charme standen. Auch die aktuelle Vorliebe für den asketischen Stil Japans läßt sich in dieser Tradition sehen. Im Kontrast dazu aber kommen immer wieder gemütlich-ländliche Einrichtungen in Mode. Sei es altdeutsch, skandinavisch oder mediterran. Der moderne Mensch läßt sich nicht auf ein Wohnkonzept festlegen. Aber gerade dies macht das Einrichten von Wohnungen so abwechslungsreich und interessant.

Die Wohnung ist Spiegelbild der eigenen Persönlichkeit

So attraktiv all diese Stilrichtungen sind: Kopieren ist selten eine glückliche Lösung. Die toskanische Villa zum Beispiel lebt vom Licht des Südens, vom Blick über die grünen Hügel und von der romantischen Wirkung des verwitterten alten Marmors. Es lohnt sich aber, die Bilder unserer Traumhäuser zu studieren und davon zu lernen. Ist es die vollendete Eleganz, die uns beeindruckt, die heitere Ausstrahlung oder die gelungene Verbindung zwischen Haus und Natur?

Die Freiheit, verschiedene Epochen und Materialien nach Lust und Laune zu kombinieren, eröffnet Ihnen bei der Gestaltung Ihrer Wohnung ungeahnte Möglichkeiten.

Nehmen Sie diese Anregungen bei der Gestaltung Ihrer eigenen Wohnung auf, vergessen Sie aber nie, daß Ihr Heim vor allem zu Ihrer Persönlichkeit passen muß. Ein kunterbunter Stilmix kann bezaubernd wirken, wenn er Ihrem Wesen entspricht, nüchterne Schlichtheit Ihre Willensstärke eindrucksvoll untermauern. Entscheidend ist, daß Sie sich darin wohlfühlen und sich mit Ihrer Umgebung identifizieren können.

Natürlich haben auch Ihre Sehnsüchte einen Platz. Zeigen Sie es, wenn Sie vom Süden träumen, das Landleben lieben, oder einen Hang zum Luxus haben. Machen Sie Ihre Wohnung zur Heimat für sich selber, nicht für ein Wunschbild, dem Sie nicht entsprechen.

Raum für Raum

Die Verbindung von Funktion und Charakter

Badezimmer, Küche, Schlafzimmer und Wohnzimmer haben jeweils klar umrissene Funktionen. Sinnliches Wohnen bedeutet, den Zimmern darüber hinaus einen Charakter zu geben. Jeder wird dabei andere Schwerpunkte setzen. Es gibt ausgesprochene Küchen-Menschen, andere wollen um keinen Preis auf ein Bad zum Wohlfühlen verzichten.

Die Einrichtung des Wohnzimmers hängt entscheidend vom eigenen Geschmack ab. Je nach Größe der Wohnung und der Familie muß dieses Zimmer die unterschiedlichsten Zwecke erfüllen. Einerseits soll das Wohnzimmer ein Rückzugsbereich sein, der der Entspannung dienen soll. Andererseits ist es der Bereich, in dem sich die Familie zum geselligen Beisammensein trifft.

Das Wohnzimmer: Kuscheliges Nest oder eleganter Empfangsraum

Sitzgruppe, Fernseher, Lesesessel, Bücherwand und eventuell ein Eßtisch dominieren die meisten Wohnzimmer. Dennoch kann die Wirkung der Räume völlig unterschiedlich sein. Um die Einrichtung keines anderen Raumes macht man sich soviel Gedanken. Das Wohnzimmer muß als repräsentativer Raum für Gäste dienen, ist aber auch der wichtigste Ort für die eigene Entspannung. Die alte Trennung in die Gute Stube für Gäste und das private Wohnzimmer ist heute kaum noch zu finden.
Worauf man den Schwerpunkt legt, hängt von den persönlichen Vorlieben ab. Der eine macht aus seinem Wohnzimmer ein behagliches Nest, einen Rückzugsraum von der Welt, in das er gerne Gäste lädt. Der andere fühlt sich in perfekt durchgestylter Eleganz auch ohne Besuch wohl.

Je besser Sie Ihre Bedürfnisse kennen, desto leichter wird es Ihnen gelingen, den persönlichen Stil zu vervollkommnen. Scheuen Sie sich nicht, ihre privaten Vorlieben zu zeigen oder ausgefallene Ideen zu verwirklichen. Alles, was mit Überzeugung getan wird, wirkt auch überzeugend.

Viel Leben in einem Raum

Je kleiner die Wohnung, desto vielfältiger sind die Anforderungen an das Wohnzimmer. Ein Familienmitglied will fernsehen, ein anderes lesen oder Büroarbeiten machen. Manchmal muß das Wohnzimmer auch noch als Spielfläche für die Kinder dienen. Oft fällt es schwer, allen Anforderungen zu genügen und gleichzeitig Schönheit und Harmonie des Raumes zu wahren.

Grundsätzlich gilt: Je minimalistischer der Raum eingerichtet ist, desto stärker sticht jede Unordnung ins Auge. In einem vollen Raum dagegen können herumliegende Sachen sogar die gemütliche Atmosphäre verstärken.

Machen Sie eine Bestandsaufnahme! Überlegen Sie, welche Dinge besonders störend wirken. Suchen Sie dann nach Stauraum dafür. Manchmal genügt schon ein Paravent.

Problemmöbel Fernseher

Wenn im Wohnzimmer der Fernseher läuft, sind andere Aktivitäten dort meist nicht mehr möglich. In kleinen Wohnungen kann das zu Konflikten führen. Empfängt beispielsweise ein Partner Besuch, stört es, wenn der andere gleichzeitig einen Film anschauen möchte. Die Anschaffung eines Zweitgerätes ist nicht immer eine Lösung und widerspricht – soweit es Kinder betrifft – auch pädagogischen Prinzipien.

Überlegen Sie deshalb, ob es nicht möglich ist, den Fernseher an einem Ort unterzubringen, wo er weniger stört. Ein großes Arbeitszimmer könnte eine Lösung sein, vorausgesetzt, es bietet ausreichend Platz für den Apparat und ein bequemes Sofa. Fernsehen im Schlafzimmer ist eine sehr umstrittene Sache. Während der eine seine Filme gerne in Ruhe vom Bett aus sieht, ist dem anderen der Apparat dort ein Greuel.

Wenn der Fernseher im Wohnzimmer steht, dann sollte man versuchen, in anderen Räumen der Wohnung Ausweichplätze zu schaffen, um dort gemütlich zu lesen oder Besucher zu empfangen. Ein Eßzimmer mit bequemen Stühlen kann diese Funktion erfüllen. Auch im Arbeitszimmer gibt es vielleicht eine Ecke für zwei Sessel, ein Tischchen und eine stimmungsvolle Stehlampe.

Die Küche: Quelle des Genusses

Die Küche ist oft der beliebteste Raum im Haus. Die verlockenden Gerüche, die Wärme des Herdes ziehen magisch an. Die schönsten Partys verlagern sich oft zu vorgerückter Stunde hierher. Auch viele Kinder gehen gerne zur Mutter in die Küche, wenn sie etwas zu erzählen haben. Nirgendwo sonst kommen alle Sinne so auf ihre Kosten wie in diesem Raum: Töpfe laden zum Naschen ein. Auf dem Herd brodelt es verlockend. Düfte durchziehen den Raum. Die appetitlichen Farben von Obst und Gemüse locken das Auge und laden zum Zugreifen ein.

Gerade in der Küche ist die Kombination aus Funktionalität und Schönheit besonders wichtig. Versuchen Sie, ansprechende Gewürzgläser oder Flaschen schön zu präsentieren.

Andererseits ist gerade in der Küche Funktionalität besonders wichtig. Kurze Wege, gut beleuchtete Arbeitsflächen, hygienische, pflegeleichte Materialien und sicherer Stand für elektrische Geräte erleichtern das Arbeiten. Leider führt das oft dazu, daß Küche und Küchenmöbel eine sehr sterile Ausstrahlung haben.

Die schönen Farben von Gewürzen kommen in den üblichen Dosen nicht zur Geltung. Kaufen Sie kleine Glasfläschchen in passender Größe und versehen Sie diese mit einem schmalen Etikett.

Setzen Sie auf Appetitlichkeit!

Das schönste Dekor einer Küche sind immer noch Lebensmittel. Gläser mit exotischen Gewürzen, Weinflaschen, Behälter mit phantasievoll geformter Pasta, frische Kräuter, reifes Obst und Gemüse lassen schon bei ihrem Anblick das Wasser im Mund zusammenlaufen. Leider kann man diese Dinge oft nicht so präsentieren, wie es schöne Fotos suggerieren. Obst und Gemüse gehört zum größten Teil in den Kühlschrank, damit sie frisch bleiben. Für

Plazieren Sie Selbstgemachtes so, daß das Augenmerk der Besucher sofort darauf fällt. So schaffen Sie zum einen einen dekorativen Blickfang und unterstreichen zum anderen Ihre Kochkünste.

andere Dinge gibt es zu wenig offene Stellfläche und der geräucherte Schinken, der von der Decke hängt, wirkt nur im entsprechendem Ambiente.

Lassen Sie sich davon nicht entmutigen. Es gibt genügend Möglichkeiten, eine Küche appetitlich zu präsentieren. Wenn Sie Honigliebhaber sind und eine umfangreiche Sammlung vom Bayerischen Löwenzahnhonig bis zum neuseeländischen Manuka Ihr eigen nennen, dann gehören die Gläser auf einem hübschen Bord ausgestellt. Wenn Sie Essige und Öle selber herstellen, dann sollten Sie diese in dekorative Flaschen füllen und ihnen einen besonderen Platz einräumen. Auch schönes Geschirr kann offen präsentiert werden. Die hübsche Frühstückstasse, die jeden Tag benutzt wird, staubt garantiert nicht ein.

Machen Sie Ihre Küche wohnlich!

Nicht jede Küche eignet sich zur Wohnküche. In mancher ist nicht einmal Platz für eine Eßecke. Versuchen Sie trotzdem, Ihre Küche wohnlich zu gestalten! Ein steriler, rein funktionaler Raum läßt Kochen nur allzu leicht zu lästiger Arbeit werden, anstatt zum Vergnügen. Die gefürchteten fettigen Dämpfe sind nur in unmittelbarer Umgebung des Herdes ein Problem.

Ein Stückchen entfernt können Sie aber ohne weiteres Textilien, Polster oder gar Teppiche verwenden.

Der Eßplatz in der Küche sollte eine eigene stimmungsvolle Beleuchtung haben und bequem sein. Ein Läufer oder eine Brücke unter dem Tisch lassen ein behagliches Gefühl aufkommen. Zu Holzküchen passen sehr gut bunte Flickenteppiche, die sich in der Waschmaschine reinigen lassen.

Auch wenn der Platz für eine Eßecke nicht reicht, findet sich vielleicht trotzdem eine Nische für einen bequemen Stuhl oder Sessel. Dort können Sie verschnaufen und ein wenig Zeitung lesen, während auf dem Herd das Essen kocht. Ein Bord mit Kochbüchern, ein Blumenstock oder Bild vollenden das wohnliche Ambiente. Scheuen Sie sich nicht, Ihre Küche auch mit Kunstgegenständen zu schmücken!

Das Eßzimmer: Das Mahl im Mittelpunkt

In den meisten Wohnungen gibt es kein eigenes Eßzimmer. Stattdessen wird in Küche oder Wohnzimmer gegessen. Ein separates Eßzimmer steht für Eleganz und Wohlstand. Früher bewirtete man Gäste lieber hier als im Wohnzimmer. Das Dekor war entsprechend repräsentativ. Ahnenbilder oder Hirschgeweih-Galerien schmückten die Wand.

In Mietwohnungen sind Eßzimmer, wenn überhaupt vorhanden, nicht sehr geräumig. Aber ganz gleich, ob Sie ein eigenes Eßzimmer haben oder nicht: Bei der Gestaltung des Eßbereiches sollte das Mahl im Mittelpunkt stehen. Ein schöner Tisch, bequeme Stühle und eine freundliche, helle Beleuchtung sind das wichtigste. Achten Sie darauf, daß niemand in der Ecke eingezwängt wird und die Stühle beim Zurückschieben keine häßlichen Geräusche machen. Natürlich können Sie Ihr Eßzimmer auch elegant gestalten. Doch bleiben Sie dabei dezent! Die Atmosphäre sollte anregen, aber nicht ablenken.

Tip

Gute Stühle werten Ihren Eßtisch auf!

Viele Eßzimmerstühle erinnern mit Ihren steifen, hohen Lehnen und harten Sitzen an die Zeit, in der eine gerade Haltung beim Essen das wichtigste war. Wenn Sie dagegen bequeme Sitzgelegenheiten wählen, die in der Form zwischen Stuhl und Sessel rangieren wie Freischwinger oder Rattanmöbel, dann bleiben Ihre Gäste gerne länger sitzen. Für Gesellschaftspiele, Bastelrunden oder das Herumreichen von Urlaubsphotos eignet sich der Eßtisch besser als die Sofaecke.

Das Schlafzimmer: Ort des Rückzugs und der Entspannung

Über die Gestaltung des Schlafzimmers machen wir uns in der Regel wenig Gedanken. Ein Doppelbett, Nachttische an beiden Seiten mit identischen Lampen und eine große Schrankwand prägen häufig das Erscheinungsbild. Während andere Räume gelegentlich umgestaltet werden, behalten Schlafzimmer oft jahrelang das gleiche Erscheinungsbild bei. Haben Sie sich schon mal überlegt, ob man es auch tagsüber nutzen könnte? Denn gerade das Schlafzimmer ist ein sehr sinnlicher Ort und dient dem Rückzug: Zum Schlafen, Lesen, Nachdenken, Meditieren und zur Erotik. Deshalb sollte es eine Ausstrahlung haben, die auf all dies Lust macht.

Viele Schlafzimmer sind zu schade um nur darin zu schlafen. Ziehen Sie sich doch auch einmal tagsüber hierher zum Lesen zurück!

Beginnen Sie damit, Ihr Schlafzimmer auch tagsüber aufzusuchen, wenn Sie das Bedürfnis nach Ruhe haben. Sie werden schnell merken, was Ihnen fehlt. Ein bequemer Sitzplatz, eine andere Beleuchtung, Raum für persönliche Dinge, die Möglichkeit, Musik zu hören ...

Wenn Ihr Schlafzimmer sehr groß ist, können Sie vielleicht auf die oft dominante Schrankwand verzichten und stattdessen hinter einem Paravent einen begehbaren Schrank oder ein Ankleidezimmer einrichten. Falls Sie den schönen Blick durchs Fenster gerne öfter genießen würden, dann richten Sie sich dort doch ein Plätzchen zum Tee- oder Weintrinken ein.

Können Sie meditieren?

Wahren Sie trotz aller Umgestaltungen den Charakter des Schlafzimmers als Ort des Rückzugs und der Entspannung. Machen Sie ihn nicht zum Durchgangszimmer und lassen Sie die Hektik draußen! Mit Bildern sollten Sie vorsichtig sein. Besonders große, auffällige Kunstwerke wirken schnell störend.

Nutzen Sie Ihre Schlafzimmer als einen Ort meditativer Ruhe und Entspannung!

Wenn Sie ein bißchen Erfahrung mit Meditation haben, probieren Sie dies in Ihrem Schlafzimmer aus. Der Raum braucht deshalb nicht einem Zen-Kloster zu gleichen. Wenn Sie im Schlafzimmer Ihre Gedanken sammeln können, dann liegen Sie bei der Gestaltung goldrichtig.

Das Bad: Wohltat und Frische

Der Trend zu Naturkosmetik hat uns in den letzten Jahren wieder bewußt gemacht, daß die Pflege des eigenen Körpers nicht nur Notwendigkeit, sondern auch Vergnügen sein kann. Wer sich mit duftenden, selbstkomponierten Schaumbädern verwöhnen will oder seiner Haut ausgiebige Massagen und Peelings gönnt, stellt daher andere Ansprüche an ein Badezimmer als jemand, der nur Duschen und die Zähne putzen will.

Traditionell verbinden wir das Badezimmer mit Sauberkeit und Frische. Deshalb dominieren oft hygienisch weiße oder kühle, wasserblaue Farben. Wer aber gerne lange in der warmen Badewanne entspannt, wünscht sich eher eine romantische, warme Atmosphäre. Grundsätzlich ist erlaubt, was gefällt. In der Praxis hat sich aber eine dezente Grundausstattung bewährt. Den individuellen Charakter verleihen Sie dem Bad am besten mit vielfältigen Accessoires:

- Die Stimmung im Bad läßt sich am leichtesten mit der Beleuchtung verändern. Achten Sie aber darauf, daß alle Elektroinstallationen den strengen Vorschriften für Feuchträume entsprechen.
- Besonders romantisch wirkt Kerzenlicht. Ein fester, kippsicherer und feuerfester Halter ist dabei wichtig, denn es ist schon mancher im entspannenden, warmen Bad eingeschlafen.

Tip

MEHR PLATZ DURCH WENIGER SYMMETRIE!

Sie können Platz im Schlafzimmer schaffen, wenn Sie das Bett an die Wand rücken. Es muß nicht zwangsläufig an jeder Seite eines Doppelbettes ein Nachtisch stehen. Soviel Symmetrie wirkt leicht langweilig und wird dem unterschiedlichem Charakter der Partner nicht gerecht. Gestalten Sie deshalb Ihre Seite gemäß Ihren Bedürfnissen. Dies kann auch mit Bords und Wandstrahlern geschehen. Rücken Sie das Bett aber nicht an schlecht gedämmte Außenwände. Sie sind im Winter sehr kalt. Das kann zu Verspannungen führen.

Hochbetten eignen sich besonders für kleinere Kinderzimmer. Der Bereich unter dem Bett kann auf vielfältige Weise genutzt werden. Durch Vorhänge schaffen Sie den Kindern eine „Höhle“, in die sie sich zurückziehen können.

- Geflieste Wände sind nur dort nötig, wo Wasser hinspritzt. An anderen Stellen dürfen Sie ruhig Bilder aufhängen.
- Linoleum oder Korkböden sind weicher und angenehmer als Fliesen. Auch Teppiche sind nur dort tabu, wo Wasser spritzen kann.
- Grünpflanzen harmonisieren sehr gut mit fließendem Wasser und sind deshalb ein wunderbarer Dekor für ein Bad. Manche Arten, wie beispielsweise Farne, fühlen sich im Bad sogar ausgesprochen wohl.
- Verwenden Sie morgens Handtücher in frischen Farben wie Türkis, abends romantische in rotbraun. Kombinieren Sie die entsprechenden Düfte dazu.

Das Kinderzimmer: Ein Reich für sich

Die Gestaltung dieses Zimmers entzieht sich in der Regel bald dem Einfluß der Eltern. Kinder wollen ihr Reich selbst gestalten, und das ist gut so.

Nutzen Sie aber die Zeit, in der Sie noch entscheiden. Tauschen Sie die Babymöbel gegen ein Jugendzimmer, solange Ihr Kind noch nicht auf Mitsprache besteht. Später setzt es sich vielleicht eine Einrichtung in den Kopf, die ihm einige Jahre später unter Umständen nicht mehr gefällt. Solide, schlichte Holzmöbel sind meist die beste Wahl. Für Farbe sorgt Ihr Kind schon selber, erst durch Spielsachen, später durch Poster. Wenn die Möbel gewachste oder geölte Oberflächen haben, können Schrammen und Buntstiftspuren leicht mit dem Schleifgerät beseitigt werden. Je praktischer und zeitloser die Grundausstattung ist, desto einfacher und billiger läßt sie sich in den verschiedenen Lebensphasen umgestalten. Ihr Kind wird diesen Freiraum zu schätzen wissen. Denn nichts ist schlimmer, als im Teenageralter noch mit Möbeln leben zu müssen, die an das Kleinkindalter erinnern.

Achten Sie auch auf viel Stauraum. Der Kampf ums Aufräumen wird dadurch leichter. Ideal sind Holztruhen. Erst dienen sie als praktische Spielzeugkisten, später – vielleicht mit neuer Lackierung – als Sitzgelegenheiten für Freunde.

Das Büro: Gute Planung für bessere Arbeit

Arbeitsplätze zuhause sind für Viele sehr wichtig. Je öfter Sie sich aber in Ihrem Arbeitszimmer aufhalten, desto mehr Gedanken sollten Sie seiner Gestaltung schenken. Firmenbüros leisten sich heute oft Spezialisten, damit sich die Einrichtung förderlich auf die Arbeit auswirkt. Behandeln Sie Ihr Arbeitzimmer zu Hause also nicht stiefmütterlich.

Wer genügend Platz hat, trennt heute Schreibtisch und Computerarbeitsplatz, weil eine Fläche nicht mehr für alle Anforderungen ausreicht. Es wirkt sich auch anregend auf die Psyche aus, wenn Sie nicht mehrere Stunden am selben Ort und in derselben Haltung verbringen. Leisten Sie sich einen bequemen Sessel oder ein Sofa zum Lesen von Unterlagen! Oder ziehen Sie ein Stehpult in Erwägung!

- Alte Bibliotheken strahlen eine wunderbare Atmosphäre aus. Dunkle, schwere Möbel dominieren über Bücher und Arbeitsgerät. Aktenberge wirken in einem solchen Raum weniger bedrohlich als in minimalistisch ausgestatteten Chrom-Glas-Büros.
- Viel Licht, vor allem Tageslicht, fördert die Konzentration. Der Schreibtisch gehört deshalb in die hellste Ecke des Zimmers, am besten vor ein Fenster. Ob zum Raum gewandt oder mit dem Blick nach draußen, hängt von der Vorliebe des Besitzers ab.
- Pflanzen verbessern die Luft und sorgen für eine lebendige, frische Stimmung. Grün und Orange sind die Farben, die am vitalsten auf die Psyche wirken. Rosmarinduft fördert die Konzentration.
- Probieren Sie aus, wie sich Musik auf Ihre Arbeit auswirkt! Melodien im Hintergrund wirken auf einige Menschen anregend.
- Technische Geräte belasten durch Abwärme, Ausdünstungen und elektrische Felder. Deshalb ist regelmäßiges Lüften besonders wichtig.

Wenn ein eigenes Arbeitszimmer fehlt

Ein großes Büro ist ein Luxus. Doch in den meisten Wohnungen, gerade bei Familien mit mehreren Kindern, ist dafür kein Platz. Der Schreibtisch muß in einem anderen Raum untergebracht werden. Wenn Sie keinen Computer haben, eignet sich das Schlafzimmer in der Regel besser als das Wohnzimmer. Dort haben Sie mehr Ruhe. Ein schöner Sekretär braucht nicht viel Platz und ist ein Schmuckstück für den Raum. Schließt man die Klappe, sind Arbeit und Unordnung aus den Augen.

Muß ein Computer untergebracht werden, stellt sich die Sache schwieriger dar. Vor allem der Bildschirm stört in fast jedem Raum den Gesamteindruck. Am besten paßt er in eine Nische oder Ecke, die nicht allzu gut einzusehen ist. Ist keine vorhanden,

Gegenüber: Besonders im Büro ist Ordnung oberstes Gebot. Unordnung und schwer auffindbare Arbeitsunterlagen können geregelte Arbeitsabläufe erheblich beeinträchtigen. Übersichtliche Regalwände sind daher eine unersetzliche Hilfe bei der Organisation Ihres Büros.

läßt sie sich vielleicht mit Hilfe eines Wandschirmes oder Raumteilers erzeugen. Ein Paravent kann zurückgeschoben werden, wenn der Raum gerade nicht andersweitig genutzt wird, und läßt so mehr Licht an den Arbeitsplatz. Je nach Einrichtungstil kann auch ein großes, schönes Tuch eine Lösung sein, das nach Arbeitsende über den Schreibtisch samt Monitor gebreitet wird

Die Diele: Willkommensgruß für Heimkehrer und Gäste

Lassen Sie an der Garderobe immer zwei Bügel oder Haken für Gäste frei. Das wirkt einladend und vermeidet unnötige Hektik beim Empfang.

Die Diele ist der erste Raum, den man beim Betreten eines Hauses wahrnimmt. Weil der praktische Nutzen gering scheint, ist der Eingangsbereich oft klein, verwinkelt und düster. Nicht selten muß der Flur auch noch als Stauraum dienen. Für den Gast aber ist die Diele der Ort, an dem er Willkommen geheißen wird. Dunkelheit und Enge wirken wenig einladend. Wenn kaum Platz ist, einen Blumenstrauß zu übergeben, wenn der zweite Besucher auf der Türschwelle warten muß oder wenn die Garderobe erst auf den dritten Blick gefunden wird, ist Ihr Besuch irritiert. Denken Sie aber nicht nur an Ihre Gäste! Es tut auch Ihrer eigenen Stimmung gut, wenn Ihre Wohnung Sie mit offenen Armen empfängt.

Vorne offen und hell, hinten Stauraum

Herumliegende Sachen sind ein Ärgernis. Richten Sie die Garderobe der Kinder deshalb hinter Ihrer eigenen ein. Dann stolpert niemand beim Hereinkommen über eilig hingeworfene Schuhe oder Taschen.

Am Grundriß des Flurs läßt sich wenig ändern. Um so wichtiger ist eine gute Planung. Viele Flure sind lang und eng. Einen solchen Raum sollten Sie abwechslungsreich gestalten. Verbannen Sie hohe Regale und schwere Schränke nach hinten und schaffen Sie vorne Licht und Platz! Zwei Gäste sollten bequem zusammen eintreten und den Gastgeber begrüßen können. Außerdem dient es dem häuslichen Frieden, wenn sich eine heimkehrende Familie nicht gegenseitig behindert.

Eine Täfelung mit Holzpaneelen im unteren Bereich läßt den oberen Teil des Raumes heller erscheinen und lenkt den Blick vom Boden weg. Wenn der Flur breit genug ist, kann man eine oder beide Wände auch mit durchgehenden halbhohen Schrankelementen säumen. Diese Einrichtung, die oft in traditionellen englischen Häusern zu finden ist, wirkt diskreter als einzelne Möbelstücke und bietet Platz um Schlüssel, Zeitungen oder die Handtasche abzulegen.

Sehr einladend wirkt eine Bank. Kindern fällt das Anziehen der Schuhe leichter, wenn sie sitzen. Aber auch Sie werden ein solches Möbelstück schätzen, wenn Sie vor dem Ausgehen noch auf den Partner warten müssen oder erschöpft heimkommen.

Schaffen Sie Orientierung!

Ihr Gast braucht nicht den ganzen Flur zu übersehen. Das gilt insbesondere, wenn der hintere Teil als Stauraum dient. Wichtig ist aber, daß er sich auf den ersten Blick zurecht findet. Verstecken Sie die Garderobe also nicht in einer Ecke oder hinter einem

Tip

Verschiedene Farben, ein Klang

Fingerspitzengefühl ist nötig, um bei der Einrichtung einer Einzimmerwohnung alle Sinne anzusprechen. Farben, Licht und Materialien können in den einzelnen Ecken variieren, so daß für die Sinne Sehen und Fühlen Abwechslung geboten ist. Geräusche und Düfte aber werden immer in der ganzen Wohnung wahrzunehmen sein.

hohen Schrank. Auch der Weg zu Wohnzimmer und Toilette sollte gut zu finden sein. Andere Türen dagegen dürfen ruhig im Halbdunkel liegen.

Kennzeichnen Sie das WC mit einem Schild oder Symbol. Dann ist Ihr Gast gleich beim Eintreten informiert und muß später nicht nachfragen. Wenn eine größere Gesellschaft beim Essen sitzt, kann dies peinlich wirken.

Treppen: Mehr als nur ein Aufgang

Eine Treppe belebt den Raum. Sie symbolisiert Aufbruch und Weitläufigkeit. Andererseits nimmt Sie auch viel Platz weg. Überlegen Sie deshalb, ob die Treppe im Wohnraum nicht mehr sein kann als Stufen von einem Stockwerk zum anderen. Breite Treppen mit Teppichboden oder einem Läufer, laden beispielsweise zum Sitzen ein. Das gilt vor allem, wenn Sie von dort einen schönen Blick in den Raum haben. Manchmal ist auf dem Treppenabsatz relativ viel Platz. Vielleicht läßt sich hier eine intime kleine Sitzecke einrichten, zum Lesen oder zum Plaudern zu zweit.

Verbannen Sie nicht unliebsame Bilder oder Erbstücke in den Treppenaufgang. Er ist genauso Teil Ihrer Wohnung wie das Wohnzimmer oder Schlafzimmer und sollte nicht weniger liebevoll gestaltet werden.

Die Einzimmerwohnung: Ein Raum voller Inseln und Ecken

Schicke und großzügige Lofts mit viel Platz sind selten. Einzimmerwohnungen sind in den meisten Fällen eine Notlösung. Je enger und kleiner die Wohnung ist, desto wichtiger ist eine gute Organisation. Oft ist es schier unmöglich, alles unterzubringen. Ausziehbare Sofas, Hochbetten auf einem Schrank oder andere platzsparende Arrangements dienen dann als Lösung.

Wenn Sie eine Einzimmerwohnung einrichten, sollten Sie sich am besten gleich zu Anfang überlegen, ob Sie eine offene Gestaltung bevorzugen oder Räume im Raum schaffen wollen. Wenn Sie den Raum offen einrichten, überblicken Sie immer mehrere Lebensbereiche. Je nach Funktion werden verschiedene Möbelstücke zwar enger zusammengerückt sein, im Endeffekt schlafen, essen und arbeiten Sie aber immer in derselben Umgebung. Wenn Sie versuchen, Räume im Raum zu bilden, dann ist das „Arbeitszimmer“ vielleicht unter dem Hochbett und die Rückseite des Kleiderschrankes bildet die Wand des „Eßzimmers“. Auch Raumteiler und Wandschirme können hilfreich sein. Eine solche Aufteilung kommt dem Bedürfnis nach Abwechslung und Rückzug entgegen, kann aber auch beengend wirken.

Behandeln Sie Ihren Flur nicht stiefmütterlich! Freie Bereiche unterhalb der Treppe können beispielsweise optimal in bequeme Sitzecken verwandelt werden.

Licht und Schatten

Die richtige Beleuchtung macht Stimmung

Licht gehört zu den wichtigsten Gestaltungselementen. Sein Schein verändert Farben und Oberflächen, strukturiert Räume und lenkt die Aufmerksamkeit. Nicht zuletzt beeinflußt es auch unsere Stimmungen. Die richtige Beleuchtung ist eine der einfachsten Arten, sinnliche Atmosphäre zu schaffen. Die Möglichkeiten, die dabei zur Verfügung stehen, sind groß.

Lichtdurchflutete Räume machen nicht nur die Wohnung heller, sondern heben auch die Stimmung. Zu viele und große Fenster können allerdings leicht das Gefühl vermitteln, ungeschützt zu sein. Dies gilt vor allem in der kalten und nassen Jahreszeit.

Holen Sie sich die Sonne in Ihre Wohnung!

Die Sonne gibt uns nicht nur Licht. Sie beeinflußt auch unser Wohlbefinden. Sonnenlicht wirkt auf die Drüsen des Gehirns und setzt dort Endorphine frei, sogenannte Glückshormone. Sie wecken Energie und Lebensfreude. Der Wechsel von Tag und Nacht, der Gang der Jahreszeiten beeinflußt unseren inneren Rhythmus. Zarte Morgendämmerung und gleißende Mittagssonne, das warme Licht des Nachmittags und die Farbenpracht des Sonnenuntergangs gehören zu unserem Leben. Dasselbe gilt für die frischen Farben des Frühlings, strahlende Sommertage, der bunte Herbst mit Wind und Wolkenspiel und mildes Winterlicht. Je mehr Sie davon in Ihren Zimmern spüren, desto schöner und lebendiger wird Ihre Wohnung.

Zum Licht gehört aber auch sein Gegenteil: die Dunkelheit. Der kühle Schatten, die romantische Nacht oder das lauschige Plätzchen im Verborgenen sind uns ebenfalls willkommen. Oft fühlen wir uns im Dunkeln geborgener als im Licht.

Häuser sollen uns vor Wind und Wetter, aber auch vor neugierigen Blicken schützen. Bauten mit zuviel Glas bieten diese Geborgenheit nicht. Die offenen Räume mögen Sie bei gutem Wetter an ein südliches Paradies erinnern, bei Regen und grauem Himmel werden sie plötzlich ungemütlich. Instinktiv fühlen sich die Bewohner von einer dünnen Glasscheibe schlecht geschützt.

Die Wohnung zum Wohlfühlen vereint beides: lichtdurchflutete, helle Räume und gemütliche Ecken – Freiheit zur Entfaltung der Persönlichkeit, aber auch Schutz.

Manche Fenster sind besonders wertvoll

Große Fenster galten in früheren Zeiten als Luxus. Altbauten wirkten deshalb oft düster und unfreundlich. Doch auch sie lassen sich mit einigen einfachen Maßnahmen heller und schöner gestalten:

- Fenster, die einen schönen, ungestörten Ausblick bieten, sind kostbar. Man sollte sie auf keinen Fall zuhängen. Besser ist es, Ihnen einen auffallenden Rahmen zu geben, der das Fenster zum Kunstwerk erhebt.
- In einem großen Wohn-Eßraum werden in der Regel nicht Eßtisch und Sofa gleichzeitig benutzt. Lassen Sie dort, wo niemand sitzt, die Gardinen zurückgezogen!
- Orientieren Sie Ihre Raumaufteilung am Tageslicht! Ein Frühstück in der Morgensonne schenkt Energie und Schwung. Büros liegen am besten in südlicher Richtung. Der Eßplatz sollte zur Hauptmahlzeit die meiste Sonne bekommen. Wohnzimmer und Leseecke liegen optimal, wenn man hier das schöne warme Abendlicht genießen kann. Wenn Sie Ihr Wohnzimmer erst spät am Abend nutzen, müssen Sie es nicht im hellsten Raum einrichten.

Leichte und transparente Vorhangstoffe sind ein angenehmer Blickfang, der das Augenmerk der Besucher auf die schöne Terrassentüre lenkt.

Machen Sie sich Ihre Stoffrollos selbst. Bausätze gibt es in Geschäften für Bastelbedarf. Sie können den Stoff bemalen oder in einem guten Copy-Shop bedrucken lassen.

Hell und Dunkel nicht vermischen

Versuchen Sie nicht, dunkle Räume aufzuhellen, indem sie dort weiße Möbel und leichtes Dekor verwenden, schwerere Gegenstände aber in die hellen Räume stellen. Jeder Raum hat seinen Charakter. Diesen sollte man ihm nicht nehmen.

Machen Sie lieber aus einem lichtdurchfluteten Raum ein heiteres „Gartenzimmer" mit Rattanmöbeln, zierlichen Pflanzen und leichten, beispielsweise impressionistischen Bildern oder Zeichnungen. Verwenden Sie Farben, die an Sommerblumen erinnern und lassen Sie genug Platz für das Lichtspiel der Sonne.

Machen Sie einen dunklen Raum zu einer gemütlichen Höhle mit soliden Möbeln und warmen, ruhigen Farben. Verteilen Sie kuschelige Kissen und Kerzen. Eine gewisse Enge und schöne nostalgische Gegenstände verstärken das heimelige Gefühl.

Vorhänge gezielt eingesetzt

Gegen blendende Sonne und neugierige Blicke sind Gardinen oder Jalousien oft

Tip

Standardregeln für eine gute Beleuchtung

Spielen Sie mit Licht als Gestaltungselement! Probieren Sie verschiedene Möglichkeiten aus, aber verlieren Sie folgende Grundregeln nicht aus den Augen:

- Machen Sie aus Ihrer Wohnung kein Museum! Jedes Bücherbord, Kunstwerk oder Bild zu beleuchten, ist übertrieben.
- Richten Sie keine Strahler quer durch den Raum und vermeiden Sie harte Wechsel zwischen hell und dunkel! Am besten stellen Sie sich vor, Sie kommen als Fremder in Ihre Wohnung. Prüfen Sie, ob das Licht der Orientierung dient oder eher irritiert.
- Sorgen Sie für ausreichend Licht auf allen Wegen! Schwellen oder in den Raum ragende Gegenstände können im Düsteren zur Gefahr werden.
- Schaffen Sie Hierarchien! Die wichtigsten und attraktivsten Elemente gehören ins hellste Licht, weniger ansehnliche Ecken sollten Sie gnädig im Dunkel verbergen.
- Achten Sie auf Sicherheit! Bodennahe Installationen und kleine Kinder schließen einander oft aus.
- Vergessen Sie die praktische Seite nicht! Das zentrale Deckenlicht ist von unschätzbarem Nutzen, wenn man schnell etwas suchen oder saubermachen will. Wenn Sie einen Dimmer einbauen, kommt auch die Romantik nicht zu kurz.
- Sammeln Sie Ihre Wünsche! Unterscheiden Sie dabei zwischen funktionalem Licht und atmosphärischer Beleuchtung. Am Ende werden Sie nur zufrieden sein, wenn Ihre Wohnungsbeleuchtung ebenso schön wie zweckmäßig ist.
- Übertreiben Sie nicht! Nicht jede Lampe muß ein Schmuckstück sein. Versenkbare Strahler, schlichte Formen oder versteckte Birnen ziehen keine Blicke auf sich, sondern wirken nur durch ihr Licht.
- Planen Sie die Belegung der Schalter sorgfältig! Überlegen Sie, welche Lampen zentral an der Türe, welche direkt geschaltet werden sollen. Installieren Sie Schalter mit zwei unabhängigen Tasten. Die Schalter für Lampen, die gleichzeitig brennen sollen, können Sie zusammenlegen.

Gardinen und Vorhänge müssen nicht eintönig und langweilig sein. Verwenden Sie bunte Stoffe, vielleicht auch verschiedene Materialien, die Sie zu einem abwechslungsreichen und interessanten Arrangement kombinieren.

notwendig. Verhängen Sie aber nicht sofort jedes Fenster, sondern vergewissern Sie sich erstmal von außen, wieviel man erkennen kann. Die Sonneneinstrahlung kann im Sommer und Winter sehr unterschiedlich sein.

• Gardinen, Reispapierrollos oder dünner Stoff, glatt über den Fensterrahmen gespannt, erzeugen ein sanftes, ruhiges Licht. Seien Sie dagegen vorsichtig mit Milchglas. Ein Sichtschutz, den man nie beiseite schieben kann, führt leicht zu dem Gefühl, eingesperrt zu sein.

• Oft reicht ein teilweiser Sichtschutz. Halbgardinen müssen nicht aus den traditionellen weißen Häkelarbeiten bestehen, sondern können mit beliebigen Stoffen oder Transparentpapier individuell und passend zur Einrichtung gestaltet werden. Auch üppiger Grünschmuck auf der Fensterbank oder eine Sammlung schöner Gegenstände kann genügen.

• Lassen Sie bei Tagesanbruch ein bißchen Morgenlicht ins Schlafzimmer. Das führt zu einem sanften Aufwachen.

• Vorhänge erzeugen ein behagliches Gefühl. Obwohl heruntergelassene Jalousien mehr Wärme im Raum halten, wirken Vorhänge wärmer.

Natürliches und künstliches Licht: Schlüssel zum Wohlbefinden

Natürliches Licht setzt sich aus den sieben Spektralfarben zusammen. Außerdem enthält es unsichtbare Infrarot- und UV-Strahlen. Es ändert seine Farbe, je nachdem, in welchem Winkel es auf die Erde trifft. Künstliches Licht dagegen bleibt immer

Richtet man einen Strahler der Stehlampe gegen die Wand, erzeugt er eine stimmungsvolle Hintergrundbeleuchtung. Der zweite kann gleichzeitig zum Lesen dienen.

gleich. In seinem Farbspektrum fehlen darüber hinaus bestimmte Wellenlängen. Wissenschaftliche Untersuchungen haben ergeben, daß dieser Mangel zu Erschöpfung, Reizbarkeit, einem schwachen Immunsystem, entzündeten Augen, Konzentrationsschwäche und Hyperaktivität führen kann. Diese Erkenntnis führte zur Entwicklung sogenannter Vollspektrum- oder Tageslichtleuchten, die dem natürlichen Licht möglichst nahe kommen sollen.

Gut geplant ist halb beleuchtet

Durch gezielt eingesetzte Beleuchtung können Sie einzelne Gegenstände ins rechte Licht rücken.

In vielen Zimmern gibt es oft nur einen Lampenanschluß in der Mitte der Decke. Für eine schöne, praktische Beleuchtung ist das zu wenig. Wenn Sie bauen oder umbauen, sollten Sie deshalb an ausreichende Installationsmöglichkeiten denken. Sehr praktisch sind Scheuerleisten, die sich leicht demontieren lassen und genügend Platz bieten, um dahinter Leitungen zu verstecken. Aber auch direkt oberhalb einer fest installierten Scheuerleiste wirken Kabel recht unauffällig. Setzen Sie auf Kontraste, wenn Leitungen weder zu vermeiden noch zu verstecken sind. Ein kunterbunter Kabelstrang – kunstvoll verdrillt – wird so zum Blickfang.

Beleuchtungskörper: Die Auswahl ist groß

Hängelampen: Ihre Wirkung wird vor allem durch den Lampenschirm bestimmt. Transparentes Material verteilt das Licht diffus im ganzen Raum. Offene Schirme aus dichtem Stoff lenken es kegelförmig nach unten. Vor allem über Eßtischen ist es praktisch, wenn die Lampe höhenverstellbar ist.
Strahler an der Decke: Nach oben gewendet liefern sie ein indirektes, weiches Licht, auf einen Gegenstand gelenkt wirken sie als Spot. Dekorative Bögen und Spiralen mit mehreren Halogenstrahlern sind in Mode. Prüfen Sie, ob die Anordnung nur der Optik der Lampe dient oder auch ein ästhetisch schönes Licht liefert.
Stehlampe: Sie kann einen oder mehrere Schirme haben, aber auch mit Strahlern bestückt sein. Zum Lesen sind Strahler besser geeignet, weil sie sich in Höhe und Richtung exakt einstellen lassen und gebündeltes, ungefiltertes Licht abgeben.
Deckenfluter: Sie liefern ein sanftes, indirektes Licht, das von der Decke in den Raum reflektiert. Eine schöne Stuckdecke erhält so mehr Aufmerksamkeit, bei unebenen, rissigen Oberflächen sollte man lieber darauf verzichten.
Tischlampen: Man unterscheidet Arbeitsleuchten mit Strahlern und dekorative Tischleuchten, die einen überschaubaren Bereich wie eine Sofaecke oder das Bett mit diffusem Licht erfüllen. Ihre Wirkung hängt stark von Farbe und Dichte des Schirmmaterials ab.
Punktstrahler oder Spots: Sie liefern einen akzentuierten Lichtstrahl, der Bilder, Kunstwerke oder auch schöne Pflanzen und Möbel raffiniert ins rechte Licht setzt. Besonders subtil wirkt eine Beleuchtung von unten.
Leuchtstoffröhren: Sie werden meist hinter Blendleisten verborgen. Es gibt viele

Tip

Auf Umtauschmöglichkeiten achten!

Im Geschäft ist es schwer, die Wirkung einer Lampe zu beurteilen. Das Nebeneinander der vielen Lichter läßt keinen realistischen Eindruck aufkommen. Es lohnt sich deshalb, auf eine kulante Umtauschregelung zu achten, damit Sie die Lampe zurückbringen können, wenn Sie sich in Ihrer Wohnung nicht bewährt.

Setzen Sie durch außergewöhnliche Lampen farbliche und interessante Akzente. Haben Sie den Mut und spielen Sie mit unterschiedlichem Design und Material.

Möglichkeiten, sie einzusetzen. Die Leisten lassen sich an der Decke, am Boden, unter einem Bild oder über einem Regal anbringen.

Glühbirnen leuchten anders als Röhren

Das warme, gelbliche Licht einer Glühbirne ähnelt der späten Nachmittagssonne. Außerdem geben sie viel Wärme ab. Sie wirken behaglich, machen aber auch müde und träge.
Halogenleuchten haben ein klares, weißes Licht, in dem sich Farben kaum verändern. Sie eignen sich besonders gut für eine indirekte Beleuchtung, die von den Wänden reflektiert wird.
Niedervolt-Halogenlampen sind kleiner als normale Lampen. Sie liefern ein klares, akzentuiertes Licht zum Lesen oder Arbeiten, brauchen aber einen Transformator, der die Spannung herunterregelt. Niedervolt-Systeme mit vielen kleinen Lämpchen zwischen zwei Drähten beleuchten lange Strecken wie Flure oder Galerien gleichmäßig.
Neonlampen verfügen über eine starke Leuchtkraft. Ihre pulsierenden Schwingungen können auf Dauer Kopfschmerzen und Unkonzentriertheit verursachen. Neon-

licht über dem Badezimmerspiegel erzeugt ein übernächtigtes, blasses Aussehen.
Leuchtstoffröhren unterscheiden sich stark. Ihre Wirkung hängt vom Gasgemisch und der Auskleidung der Innenwand ab. Manche ähneln Neonröhren, andere eher Halogenlichtern. Leuchtstoffröhren entwickeln wenig Wärme.
Energiesparlampen gleichen in ihrer Wirkung meist Halogenleuchten. Sehr schnelles Ein- und Ausschalten bekommt ihnen nicht. Sie sind auch nicht dimmbar.

Schönes Licht für jeden Raum

Ein langer, schmaler Spiegel, der sich vom Boden bis zur Decke zieht, kann sehr elegant wirken.

- Weniger schöne Flure oder Dielen sollte man nicht ganz ausleuchten! Lenken Sie die Aufmerksamkeit stattdessen lieber mit einer geschickten Beleuchtung auf ein Bild, ein Blumenarrangement oder ein Kunstwerk.
- Bilden Sie den Verlauf eines Treppenhauses mit Ihrer Lichtinstallation nach. Dazu eignen sich gut Niedervolt-Drahtsysteme, bunte Lichterketten oder eine Lichtleiste an den Stufen.
- In der Küche ist vor allem direktes, helles Licht über den Arbeitsflächen zweckmäßig. Der Eßtisch sollte aber eine eigene, stimmungsvolle Beleuchtung bekommen
- Wenn Sie gerne lange in der Badewanne träumen, sollten Sie neben der funktionalen auch eine stimmungsvolle Schummerbeleuchtung installieren.
- Im Arbeitszimmer ist Tageslicht besonders wichtig, denn künstliche Beleuchtung ermüdet. Die Schreibtischlampe steht bei einem Rechtshänder idealerweise links, damit der Schatten der Schreibhand nicht auf das Papier fällt. Wer auf dem Schreibtisch nicht genug Platz hat, kann auch mit Spots von oben oder Klemmlampen arbeiten.
- Der Computerbildschirm darf nie direkt angestrahlt werden. Wird nur am Monitor gearbeitet, ist ein eigenes Arbeitslicht unnötig. Müssen Manuskripte oder Aufzeichnungen gelesen werden, empfiehlt sich aber Arbeitsbeleuchtung.

Achten Sie auf eine ausreichende Beleuchtung der Regale und Schränke durch Lichtleisten oder Klemmlämpchen. So finden Sie Unterlagen leichter und können sie an Ort und Stelle studieren.

Je schöner Sie Ihr Arbeitszimmer eingerichtet haben, desto mehr sollten Sie auch an Stimmungslicht denken.

- Im Wohnzimmer sind in der Regel die meisten Lampen zu finden. Achten Sie darauf, daß die verschiedenen Lichter miteinander harmonieren.
- Kinder lieben Höhlen. Schaffen Sie eine schummrige Ecke, die vielleicht mit einer Sonne-Mond-und-Sterne-Lichterkette beleuchtet ist.
- Im Schlafzimmer sollten Sie sich nicht auf Kompromisse zwischen funktionaler und stimmungsvoller Beleuchtung einlassen. Zum Lesen eignen sich am besten Wandstrahler direkt über dem Kopf. Für Stimmung kann eine schöne Tischlampe sorgen, ein „Sternenhimmel" aus Minibirnen oder der Schein von Bodenstrahlern bzw. Kerzen.

Tip

Schmucke Lichterketten

Lichterketten mit kleinen Niedervolt-Kerzen werden nicht so heiß wie Glühbirnen und wirken auch dekorativ. Ordnen Sie die Kette im Fenster zu einem Muster an oder kleben Sie die Birnchen an die Wand und spannen ein Stück Stoff davor. Flechten Sie sie in Grünpflanzen. Oder legen Sie sie als Girlande um eine besonders schöne Schale Obst. Heben Sie eine Neuerwerbung mit einem Lichterkranz hervor. Oder, oder...

Geschickt plazierte Spiegel sind nicht nur ein schöner Blickfang, sondern verleihen dem Raum auch mehr Tiefe. Helle Zimmer wirken durch die Reflexion des Sonnenlichtes noch freundlicher.

Mehr Stimmung durch ungewöhnliche Beleuchtungen

Wer die Gestaltungsmöglichkeiten von Licht kennenlernen will, muß damit experimentieren! Nicht perfektes Lichtdesign verleiht Ihrer Wohnung wirklich Leben, sondern Ihre Phantasie. Die passende Beleuchtung ändert sich mit Ihrer Stimmung, mit den Jahreszeiten und der Gestaltung der Wohnung.

Die Grundlage einer Beleuchtung sind Glühbirne, Fassung und Kabel. Jedes Gefäß, jedes durchbrochene oder transparente Material können Sie zum Lampenschirm umfunktionieren. Seien Sie aber vorsichtig mit leicht entzündlichen Stoffen! Halten Sie genügend Abstand zur Glühbirne, damit nichts zu brennen anfängt.

Drapieren Sie Glühbirnen unter die Blätter einer Grünpflanze, hinter dekorativen Steinen oder in buntem Glas. Passen Sie aber auf, daß die Hitze dem Gegenstand auf Dauer nicht schadet, und keine Feuchtigkeit an die Leitungen kommt.

Ihrer Phantasie sind keine Grenzen gesetzt: In großen, schlicht ausgestatteten Räumen

Das Angebot an interessanten Beleuchtungen ist nahezu unendlich geworden. In gut sortierten Fachhandlungen findet sich für jeden Geschmack und für jede Einrichtung die passende Lampe.

können Sie mit Außenleuchten schöne Effekte erzielen. Küchenlampen dürfen getrost über Ihrem Lieblingssessel hängen und ein schmiedeeiserner Kerzenleuchter im Bad kann für wunderbar romantische Beleuchtung sorgen.

Die richtige Lampe finden

Die Lampenmode wechselt meist sehr schnell. Daher fällt es oft schwer, Lampen zu finden, die zur Einrichtung passen. Mit ein paar Tricks werden Sie dennoch gute Lösungen finden:

- Setzen Sie auf kühne Kontraste! Wählen Sie zu Kiefernholzmöbeln nicht das Lampengestell aus Buche. Das beißt sich. Greifen Sie lieber zur futuristisch-modernen Metallkonstruktion.
- Kaufen Sie zeitlose, schlichte Modelle! Lieber eine Lampe, die nicht auffällt, als eine, die nicht paßt.
- Entwerfen Sie Ihre Traumlampe selber. Wenn Sie handwerklich nicht begabt sind, suchen Sie jemanden, der sie für Sie anfertigt.

Buntes Licht kann heilen

Gefärbte Glühbirnen tauchen einen Raum in ein ungewöhnliches Licht, und lassen einen geheimnisvollen Eindruck entstehen. Farbiges Licht kann auch wohltuend auf Psyche und Gesundheit wirken. Allerdings sollte man es zurückhaltend einsetzen. Denn auf Dauer wirkt unnatürliches Licht eher negativ als positiv.

Kombinieren Sie farbiges Licht mit passenden Duftaromen und entsprechender Musik. Tauchen Sie ganz in die wohltuende Atmosphäre ein! Sie können Ihr Licht-Duft-Musik-Erlebnis auch in der Badewanne genießen. Aber Vorsicht: Keine elektrischen Geräte auf den Badewannenrand!

Spiegel – Voller Kraft und Geheimnisse

Spiegel reflektieren das Licht und geben ihm dadurch mehr Kraft. Geschickt plaziert können sie einen Raum völlig verändern. Enge, verwinkelte Dielen werden plötzlich weitläufig, dunkle Zimmerecken strahlen in Farben und Licht.

Aber Vorsicht! Spiegel irritieren auch. Im Schlafzimmer fangen sie nachts das diffuse Licht auf. Öffnet man beim Umdrehen kurz die Augen, können der helle Schein oder die im Spie-

gel wahrgenommene Bewegung zum Erschrecken führen. Auch beim Sex ist die Konzentration auf den Partner in der Regel erotischer als der Blick in den Spiegel.

Auch in anderen Räumen kann die Existenz eines Spiegels stören. Kleine unwillkürliche Gesten werden wie die Bewegungen eines Gegenübers wahrgenommen. Man reagiert, zumindest mit einem kurzen Blick. Auch eine gemütliche Plauderrunde verliert ihre Zwanglosigkeit, wenn sich die Teilnehmer ihrer Wirkung im Spiegel bewußt sind. Besonders unangenehm ist es, wenn Menschen, die sich alleine wähnen, hinterher feststellen müssen, daß sie im Spiegel beobachtet worden sind. Probieren Sie deshalb sorgfältig aus, wie der Spiegel, den Sie anbringen wollen, wirkt.

Die klassischen Räume für Spiegel sind Bad und Diele. Dort erfüllen sie ihre ursprüngliche Funktion und lenken nicht von anderen Personen oder Tätigkeiten ab. Dafür dürfen Sie ruhig etwas großzügiger sein. Warum verspiegeln sie nicht eine ganze Stirnwand, um dem Raum Licht und Bedeutung zu geben?

Tip

Duft und Licht kombinieren

Blaues Licht kühlt in Verbindung mit Zitronenduft bei Fieber, lindert mit Kamille juckenden Hautausschlag und besänftigt mit Melissenöl Wut. Rotes Licht ergibt mit Jasminduft eine erotische Stimmung, mit Sandelholz wärmt es. Grünes Licht und Rosmarin wirken regenerierend in Arbeitspausen. Oranges Licht mit Neroliduft bekämpft Lustlosigkeit und Abgespanntheit. Rosa Licht und Zimt trösten.

Romantik im Kerzenschein

Eine der schönsten Lichtquellen in der Wohnung sind Kerzen. Der Magie des Feuers kann sich niemand entziehen. Kein anderes Licht verzaubert seine Umgebung in ähnlicher Weise, spielt so mit Farben, Formen und Mustern. Kerzenlicht lädt zum Hinschauen und Nachdenken ein.

In vielen Wohnungen dienen Kerzen zwar zur Dekoration, wirklich angezündet werden die schönen Stücke aber selten. Setzen Sie öfters auf Kerzenlicht! Doch hüten Sie sich vor zu viel Romantik! Was für den Abend zu zweit passend ist, kann bei weniger intimem Besuch schnell peinlich wirken. Je mehr Distanz zu den Gästen besteht, desto weniger schummrig sollte das Kerzenlicht sein.

Schaffen Sie durch Kerzenlicht eine besonders stimmungsvolle Atmosphäre für einen romantischen Abend zu zweit!

Sie sollten „Ihre" Kerzen auch kennen. Schiefes Abbrennen, tropfendes Wachs oder Kippen fordern hektische Rettungsaktionen und zerstören jede Stimmung. Außerdem besteht die Gefahr eines Wohnungsbrandes. Lieber eine schlichte Kerze im originellen Ständer als ein dekoratives Exemplar mit unberechenbarem Brennverhalten.

Charles Rennie Mackintosh
MALEREI DER WELT
II
RODCHENKO
PHOTOGRAPHY ALEXANDER LAVRENTIEV

Farben und Muster

Kraftvolle Reize für Auge und Psyche

Farben gehören zu den stärksten optischen Reizen, die wir wahrnehmen. Wenn wir etwas beschreiben, zählt meist die Farbe zu den wichtigsten Merkmalen. Aber Farben spielen auch eine große Rolle für die Psyche. Ihr Einsatz will deshalb wohl überlegt sein. Sie können den Charakter einer Wohnung bestimmen. Muster schwächen die Dominanz von Farben. Doch auch sie beeinflussen unsere Wahrnehmung stark.

Die unterschiedliche Wirkung der Farben auf unsere Stimmung ist psychologisch erwiesen. Durch eine Wohnraumgestaltung mit hellen, freundlichen Farben läßt sich insbesondere in den Herbst- und Wintermonaten leichten depressiven Verstimmungen entgegenwirken.

Farben und ihre Wirkung

Physikalisch gesehen beruht die Wahrnehmung von Farben auf der Brechung des Lichtes an einer Oberfläche. Jede Farbe schwingt in einer anderen Frequenz und hat deshalb eine andere Wirkung auf den Körper. Der Einfluß ist so groß, daß er für therapeutische Zwecke genutzt wird. Farben können unsere Stimmungen beeinflussen, unser Temperaturgefühl manipulieren, den Appetit regeln, einen Raumeindruck verändern und vieles mehr. Diese Effekte sind weit weniger geheimnisvoll als es scheint. Zu einem großen Teil beruht die Wirkung darauf, wie wir den jeweiligen Farbton in der Natur wahrnehmen.

Ruhe und Klarheit: Blau, Grün und Türkis

Blau wirkt kühlend und beruhigend. Blau strahlt der Himmel an einem schönen, sonnigen Tag oder eine große, glatte Wasserfläche. Es ist immer mit Stille verbunden. Es gibt in der Natur keine bewegten, lebhaften Blauflächen. Ein Wasserfall oder aufgewühltes Meer zeigen andere Farben als ein ruhiger See. Natürliches Blau ist oft sehr gleichmäßig gefärbt, nicht strukturiert oder schattiert. Es ist eine Farbe, die zum Abschalten und Entspannen anregt. Sie dämpft Erregung und Erschöpfung. Blaue Räume erscheinen kühler als sie sind.

Grün wirkt entspannend, aber auch anregend. Wir denken dabei an Pflanzen, Wälder und Wiesen. Wo viel Grün ist, scheint uns die Umgebung gesund und intakt. Natürliches Grün zeigt meist reiche Farbnuancen und Strukturen. Die Farbe hat eine leichte, harmonische Dynamik. Denken Sie nur an das Spiel des Windes in den Blättern der Bäume. Grün regt zum Nachdenken und Meditieren an. Es macht nicht müde, sondern regeneriert den Körper und erfrischt die Seele. Es läßt sich auch wunderbar kombinieren. Zusammen mit Rot- und Gelbtönen erinnert es an die sinnliche Pracht blühender und früchtetragender Pflanzen, mit Blau dagegen an die Idylle umwachsener Wasserflächen.

Türkis verbindet die beruhigende Wirkung von Blau mit der erfrischenden von Grün. Wir denken dabei an tiefe, klare Seen oder Quellen, aber auch an den schillernden Panzer von Insekten. Türkis wirkt deshalb immer etwas geheimnisvoll. Ihren ganzen Zauber entfaltet die Farbe, wenn sie in Bewegung ist, schimmert, schwingt und immer andere Schattierungen zeigt. Trotzdem wirkt sie nicht irritierend, sondern kostbar. Türkis scheint ein Glanz aus einer anderen Welt zu sein, von dem uns ab und zu ein Hauch geschenkt wird. Wir fühlen uns beglückt und zufrieden.

Grün und Blau sind in der Natur sehr häufig zu findende Farben. Sie erinnern an Flüsse und Seen, umgeben von frischen, saftigen Wiesen und Bäumen. Besonders helle Grün- und Blautöne symbolisieren das Frühlingserwachen der Natur nach einem langen Winter.

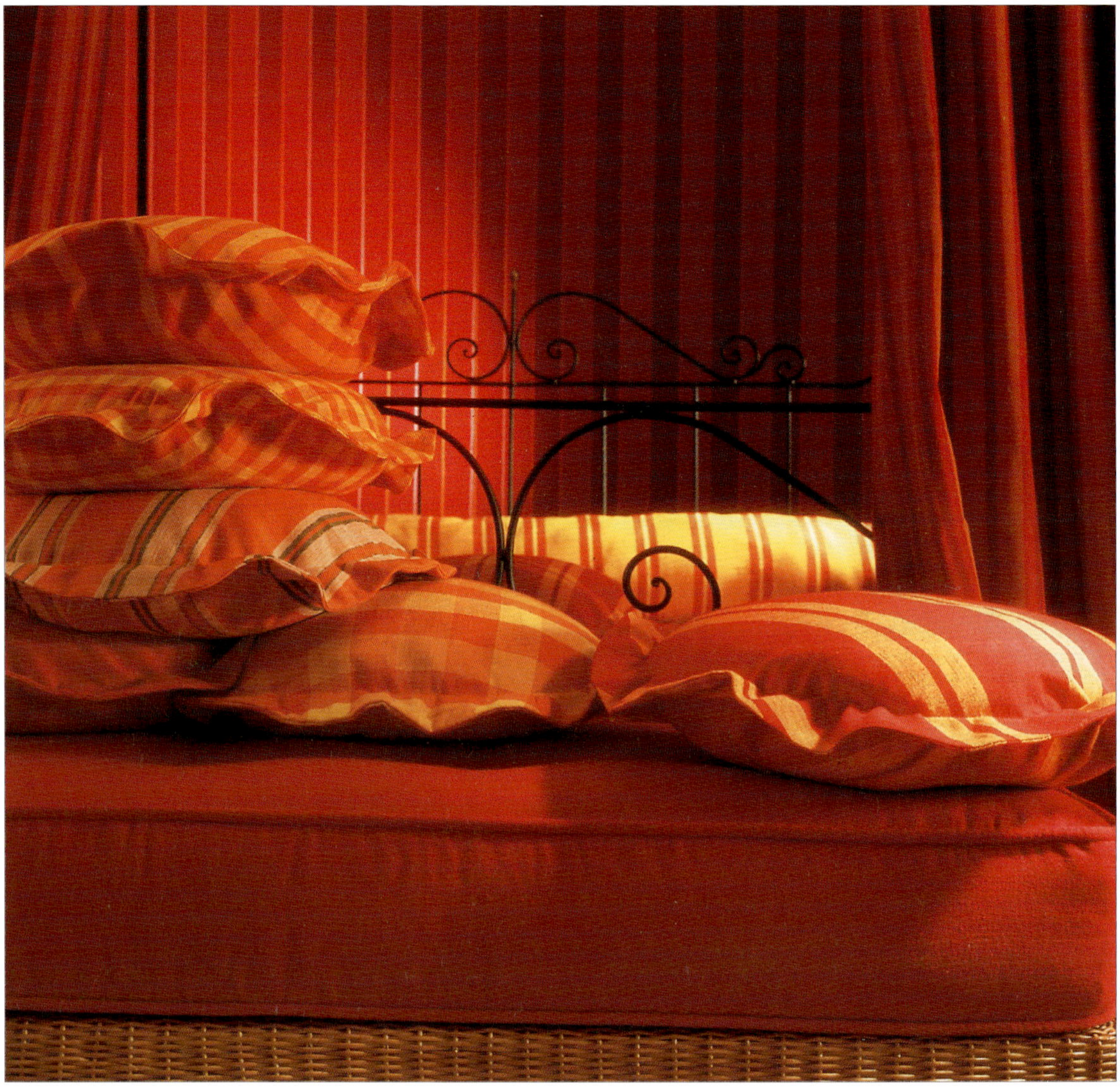

Sattes, kräftiges Rot zieht überall Blicke auf sich. Ob es die reifen Früchte des Herbstes, ein Kleidungsstück oder die Wohnungseinrichtung ist, diese Farbe übt auf das Auge eine unwiderstehliche Faszination aus, der kaum jemand widerstehen kann.

Harmonie und Kraft: Rot, Gelb und Orange

Rot wirkt aufrüttelnd und aufreizend. Es ist eine Signalfarbe, die den Puls beschleunigt. Mit Rot assoziieren wir Feuer, Gefahr und sexuelle Leidenschaft. In der Natur finden wir es bei Früchten und Blumen, die einen sinnlichen Genuß für uns bedeuten. Die Rotfärbung der Blätter im Herbst oder ein Sonnenuntergang wirken wie ein Schauspiel, ein Fest. Auch Feuer kann den Charakter eines Schauspiels haben, bedeutet aber gleichzeitig Gefahr. Auf jeden Fall lohnt Rot immer einen Blick. Ob knallig oder schattiert: Rot ist eine bewegte Farbe. Sie kann die unberechenbare Dynamik einer Feuersbrunst haben, sich aber auch subtil entfalten wie eine Blüte. Rot stimuliert Körper und Gefühle. Es macht aufmerksam und handlungsbereit. Rote Räume erscheinen wärmer, als sie sind.

Gelb wirkt harmonisch und anregend. Wir assoziieren es fast automatisch mit der Sonne. Gelb strahlt Freude, Wärme und Glanz aus. Gelbe Früchte, goldgelber Honig und Blüten in den verschiedensten Gelbschattierungen regen unseren Appetit an. Gelb macht glücklich. In reinen Farbtönen wirkt es meist schöner und kraftvoller als in Schattierungen. Mit Gelb wird oft Weltoffenheit und heitere Gelassenheit verbunden. Es kann Angespanntheit und Nervosität vertreiben.

Orange wirkt vital und fröhlich. Es vereinigt die Harmonie von Gelb mit der Dynamik und Sinnlichkeit von Rot. Auch Orange ist für uns eine Farbe der Blüten und Früchte. Sie wirkt wärmend und regt den Appetit an. Orange kann Depressionen vertreiben und Verkrampfungen lockern. Es schafft oft eine glückliche Atmosphäre, kann aber auch sehr dominant erscheinen und sollte deshalb mit Bedacht eingesetzt werden.

Ruhige Wärme: Rosa, Violett und Braun

Rosa wirkt sanft und liebevoll. Es vereinigt die warme Ausstrahlung von Rot mit der beruhigenden Wirkung von Blau. In der Natur finden wir Rosa in reifenden Früchten und zarten Blüten. Manchmal entdecken wir auch einen Hauch in Mineralien und Gesteinen. In dem Farbenspiel von Morgenrot und Abenddämmerung wird Rosa manchmal kaum wahrgenommen. Die Farbe wird leicht von anderen dominiert. Sie kann unreif und zart wirken, aber auch verheißungsvoll. Rosa scheint nur in geschützter Umgebung bestehen zu können. Es symbolisiert deshalb eine Welt ohne Probleme und Sorgen. Die Farbe hilft, Anspannung und Kummer zu vertreiben.

Violett wirkt stark, würdevoll und warm. Es vereinigt ebenfalls die Wirkungen von Rot und Blau, ist aber viel anregender und dominanter als Rosa. Violett kommt in der Natur nur in wenigen, schönen Blüten, Edelsteinen oder im Farbspiel des Sonnenuntergangs vor. Es erscheint deswegen kostbar und geheimnisvoll. Violettes Licht wird oft in psychiatrischen Kliniken eingesetzt, weil es die Produktion von Glückshormonen anregt. Die menschliche Psyche wird dadurch gestärkt und stabilisiert. Violett ist eine kraftvolle, in sich ruhende Farbe.

Braun kann sympathisch wirken, aber auch abstoßend. Wir assoziieren es mit Erde und Holz, aber auch mit Schmutz und Kot. In der Regel erscheinen warme, reich strukturierte Brauntöne freundlich. Wie das Holz der Bäume machen sie einen starken, zuverlässigen Eindruck. Kaltes, gleichtöniges Braun dagegen erinnert an Morast. Es wirkt erdrückend und vielleicht sogar gefährlich. Sehr helle Brauntöne, die eher herbstlichen Blättern als Holz ähneln, strahlen mehr Dynamik aus. Wenn Braun nicht mit anderen Farben kombiniert wird, wirkt es ähnlich trostlos wie kahle Bäume oder ein leerer Acker im späten Herbst. Verbindet man es aber mit hellen, bunten Farben, kann es diesen Halt verleihen, so wie der Stamm eines Baumes die Blätter mit der Erde verbindet.

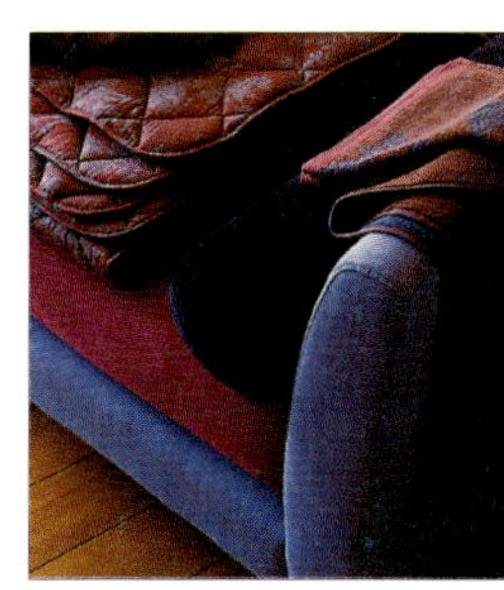

Violett hat eine sehr edle Ausstrahlung und ist in der Natur nur in sehr wenigen Blüten zu finden.

Tip

Vorsicht beim Mischen mit Schwarz und Weiss!

Schwarz und Weiß sind keine neutralen Farben. Verwendet man sie zum Abdunkeln bzw. Aufhellen, verändern sie den Ton einer Farbe. Blau verliert mit wachsendem Schwarzanteil seine beruhigende Ausstrahlung. Es wird machtvoll und bedrohlich wie Gewitterwolken. Ebenso bei Rot oder Grün. Steigt ihr Schwarzanteil, erinnern sie zunehmend an überreife Früchte oder Dschungelpflanzen. Die Farben wirken gewichtiger. Eine Beimischung von Weiß dagegen macht sie nicht nur heller, sondern auch kälter. Kreidige, pastellfarbene Töne finden sich in der Natur überwiegend in Mineralien und Gesteinen. Mit Weiß gemischte Farben wirken zart und unaufdringlich, aber meist wenig lebendig.

Der Kontrast macht's: Grau, Weiß und Schwarz

Grau wirkt unauffällig. Wir assoziieren damit Steine und Felsen, aber auch trübes Wetter. Auf den ersten Blick macht es oft einen langweiligen, trostlosen Eindruck. Auf den zweiten kann es faszinierend wirken. Man denke nur an einen reich gemaserten Stein oder tief hängende Wolken. Grau lenkt den Blick auf Form und Struktur. Es kann deshalb sehr edel wirken. Seine Verwendung ist oft ein gekonntes Understatement. In Verbindung mit anderen Farben hebt Grau diese dezent hervor. Es ist eine statische Farbe, die Verläßlichkeit ausstrahlt. Reines Grau ohne Form oder Struktur kann eine niederdrückende, deprimierende Atmosphäre schaffen.

Weiß wirkt sauber und unberührt. Wir assoziieren damit Schnee und Eis, aber auch Unschuld und Sauberkeit. Es wird leicht als das Fehlen von Farbe empfunden. Ein weißes Blatt ist noch unbeschrieben, eine weiße Wand kann noch bemalt werden. Weiß steht damit für offene Möglichkeiten, aber auch für Unfertigkeit. Weiße Flächen geben einen neutralen Hintergrund ab. Kunstvolle Handarbeiten wie Spitzen werden oft in Weiß angefertigt, weil die Farbe nicht vom Muster ablenkt. Wie Grau

Grau eignet sich hervorragend zur Kombination mit anderen Farben. Es bildet einen dezenten Hintergrund für verschiedene Muster oder Töne und hebt Formen oder Strukturen hervor.

kann auch ein edles Weiß Strukturen, Formen und benachbarte Farben hervorheben. Das gilt aber auch für Bewegung, z.B. wenn der Wind mit den Gardinen spielt. Ein unstrukturiertes, unbewegtes Weiß dagegen wirkt steril und kalt. Da Weiß so leicht verschmutzt, wird es oft als schwache Farbe empfunden.

Schwarz wirkt bedrohlich, aber auch faszinierend. Wie Weiß wird es nicht als Farbe empfunden. Wir assoziieren es mit Nacht und Tod. Vollkommenes Schwarz verschluckt alle Muster und Strukturen. Es wird deshalb als sehr stark, aber auch abweisend empfunden. Schön wirkt Schwarz dagegen in Nachbarschaft zu anderen Farben, weil es diese durch seine dunkle Kraft zum Leuchten bringt.

Mischungen und Töne

Die drei Grundfarben Rot, Blau und Gelb vermitteln eindeutige Botschaften. Mischungen wie Grün, Orange, Violett oder Türkis werden von unseren Gefühlen subtiler empfunden. Dies gilt noch stärker für Farben, die nicht mehr den natürlichen Spektren des Lichtes entsprechen, wie wir sie vom Regenbogen kennen.

Die Wirkung gemischter Farben setzt sich in der Regel aus den Charakteren der Grundfarben zusammen. Ein Rotbraun vereinigt die Wärme von Rot mit der Erdgebundenheit von Braun. Je dunkler es ist, desto stärker überwiegt der „braune Charakter", je mehr Rot es enthält, desto wärmer scheint es. Entsprechendes gilt für Grüngelb, Violettblau, Orangerot usw. Im allgemeinen ist die Wirkung gemischter Farben weniger stark. Sie wirken neutraler als klare Töne, ihre Botschaft ist dezenter. Je höher der Rotanteil einer gemischten Farbe ist, desto wärmer wirkt sie, je höher der Blauanteil ist, desto kälter ist ihre Ausstrahlung.

Die Wirkung von Farben verändert sich auch durch die Verarbeitung und das Material der Oberfläche. Matter roter Samt wirkt dezenter als roter Glanzlack. Mit einem hohen Pigmentanteil in der Farbe erzielt man kraftvolle, satte Töne. Verwendet man wenig Pigmente, wird die Farbe heller. Der Untergrund kann durchscheinen und die Wirkung beeinflussen. Die Farbbotschaft wird zurückhaltend und leise vorgetragen.

Kunst und Vergnügen: Die Wahl der richtigen Farben

Die farbliche Gestaltung einer Wohnung läßt sich mit einer Komposition vergleichen. Am Ende sollten sich alle Töne harmonisch zu einem Ganzen fügen.

Wählen Sie Ihre Wandfarbe sehr sorgfältig aus. Zu intensive Töne lassen den Raum kleiner erscheinen und wirken schnell erdrückend.

Grundsätzlich ist es nie verkehrt, am Anfang zurückhaltend zu sein. Die weiße Wand wird zwar gerne als einfallslos verpönt, doch in weißgestrichenen Räumen ist es sehr leicht, mit Hilfe schöner Möbel, Stoffe und Dekorationsgegenstände eine gemütliche Atmosphäre zu schaffen. Ein farbig gestrichener Raum dagegen setzt Grenzen. Bei der Auswahl der Einrichtungsgegenstände sind Sie dadurch stark eingeengt. Wenn Sie Wände und Decke farbig streichen oder einen auffallenden Fußbodenbelag wählen, sollten Sie schon sehr genau wissen, wie der Raum am Ende aussehen soll.

Der Jahreszeiten-Typ Ihrer Wohnung

Aus der Kosmetik ist die Einteilung der Menschen in vier, den Jahreszeiten entsprechende Typen bekannt. Haut-, Augen- und Haarfarbe bestimmen das Make-up

Tip

Muster und ihre Wirkungen

- Muster ziehen die Aufmerksamkeit auf sich. Vor einer gemusterten Wand fallen schlichte Möbel weniger auf.
- Ein gemusterter Boden lenkt den Blick nach unten.
- Sehr große Muster dominieren über einfarbige Flächen, kleine Muster wirken dezenter.
- Je größer die Kontraste zwischen den Farben und je leuchtender die Farbtöne, desto auffälliger ist ein Muster.
- In sehr kleinstrukturierten Mustern können die Farben verschwimmen, so daß sie aus der Entfernung manchmal nur noch grau wirken.
- Muster verflachen. Die Form eines Gegenstandes fällt weniger ins Gewicht. Ein unförmiger Sessel kann mit einem gemusterten Überzug dezenter wirken.
- Wenn das Tapetenmuster Farbtöne aus dem Teppich oder von den Möbeln aufnimmt, entwickelt der Raum eine größere Einheit. Das Zimmer wirkt dadurch aber auch kleiner und enger.
- Muster werden nur selten miteinander kombiniert, da sie um die Aufmerksamkeit des Betrachters wetteifern und deshalb Unruhe hervorrufen. Je größer die Muster sind, desto stärker ist der Effekt. Ein kleinteiliges Muster mit einem großteiligen Muster in derselben Farbe zu kombinieren – z. B. Blumen mit Streifen –, wirkt sehr lebhaft.
- An gemusterten Flächen sieht man sich im allgemeinen schneller satt als an einfarbigen.
- Natürliche Oberflächenstrukturen und Muster beeinflussen sich in ihrer Wirkung. Meist dominiert dabei das Muster und drängt die natürliche Struktur in den Hintergrund.

und die passende Kleidung. Eine solche Analyse läßt sich auch bei Ihrer Wohnung durchführen. Sie erfahren dadurch Ihren Grundcharakter und können leichter harmonierende Farben auswählen.

Die Winterwohnung: Sie wird von klaren Kontrasten dominiert. Man denke an kahle Bäume im Schnee. Schwarz und Weiß sind reichlich vertreten. Die Winterwohnung ist oft minimalistisch ausgestattet, auf keinen Fall aber überladen. Funktionalität und klare, gerade Formen dominieren. Chrom, Glas und glänzende Oberflächen vermitteln einen kühlen, eleganten Eindruck. Wird Holz verwendet, ist es meist lackiert, aber auch weißer Ahorn oder schwarzes Ebenholz bieten sich an. Zur Winterwohnung passen kreidige Pastelltöne oder kräftige, klare Grundfarben. Rottöne sollten immer eine leichte Tendenz ins Blaue haben. Kleinteilige Muster und weiche Kanten passen nicht, dafür aber große assymetrische Farbflächen. Der Bewohner einer Winterwohnung erscheint als starker, aber introvertierter Mensch, der gut organisiert, im Beruf Erfolg hat und sehr rational geprägt ist.

Die Frühlingswohnung: Hier dominieren zarte, warme Farben, die dem ersten Grün der Bäume und den Knospen der Blüten entsprechen. Das Mobiliar wirkt leicht, fast verspielt. Ecken und Kanten sind weich geschwungen. Alles harmoniert miteinander, kein Stück dominiert. Naturmaterialien passen gut in die Frühlingswohnung, vor allem, wenn ihre Oberflächenstruktur gut zu erkennen ist. Holz sollte warme, gelbbraune Farbtöne haben, wie z.B. Kiefer. Auch Rattan und Bambus eignen sich gut. Frühlingsräume können mit viel natürlichem Grün, reinem Weiß, zartem Rosa, Pfirsich oder Elfenbein ausgestattet werden. In dieser zarten Variante erinnern sie an die Natur zu Beginn der Blütezeit. Alternativ bietet sich die kräftige Farbpalette, in der Blumen im späten Frühjahr erstrahlen, zur

Gestaltung an. Großflächige, knallige Muster sind fehl am Platz. Reiche, der Natur nachempfundene Strukturen und schattierte Farben passen dagegen gut. Eine Frühjahrswohnung läßt ihre Bewohner extrovertiert, warmherzig und aktiv wirken. Sie strahlen Lebensfreude aus, aber nicht unbedingt Stabilität und Tiefsinn.

Die Sommerwohnung: Sie wird durch Helligkeit und Ruhe charakterisiert. Beigetöne sind reichlich vertreten. Man denkt an weite, von der Sonne gebleichte Felder, trockenes Stroh, bloßliegenden Stein und ruhige, lichtbeschienene Wasserflächen. Die Wohnung wirkt eher kühl und sehr ordentlich. Die Einrichtung ist von Symmetrie bestimmt. Die Räume sind hell und großzügig, gerne offen gebaut und nie überladen. Keines der schlicht geformten Möbelstücke dominiert. Holz, das einen leichten Stich ins Graue hat, wie beispielsweise Buche, paßt gut. Mit dem soliden Charme einer Sommerwohnung harmonieren kühle Blautöne wie Lavendel, gebrochenes Weiß, aber auch ein kräftiges Rosa und andere Pastellfarben. Gleichmäßige, ruhige Muster unterstreichen den symmetrischen Gesamteindruck. Die Bewohner einer Sommerwohnung wirken sensibel und zurückhaltend, dabei aber tatkräftig und effizient. Sie strahlen Sanftheit aus, allerdings auch eine gewisse Unsicherheit.

Die Herbstwohnung: Hier leuchten intensive, warme Farben um die Wette wie ein herbstlich verfärbter Wald. Holz ist das bevorzugte Material. Rotbraune Töne wie Kastanie oder Mahagoni dominieren. Eine Herbstwohnung kann voll sein mit Mobiliar und Zierat. Selbst Unordnung wirkt in ihr noch charmant. Schwere, mit Schnitzereien verzierte Möbel passen hervorragend. Weißgestrichene Wände findet man selten. In eine Herbstwohnung gehören warme, kräftige Farben wie Kupfer, Goldbraun oder Hennarot. Aber auch ein sattes Türkis oder Jadegrün machen sich als Kontrast gut. Eine Herbstwohnung verträgt auch einen lebhaften Mix an Mustern. Ihre Bewohner erscheinen stark, warmherzig und erdgebunden. Sie strahlen viel Impulsivität aus und scheinen aus dem Bauch heraus zu leben.

Einer gelungenen Farbkomposition auf den Grund kommen

Dem Geheimnis einer schönen Farbkomposition kann man auf die Spur kommen. Sehen Sie sich in der Natur um, betrachten Sie Photos, studieren Sie Bildbände, bis Sie etwas gefunden haben, das Ihnen besonders gut gefällt. Analysieren Sie die Bilder! Welche Farben, Schattierungen und Strukturen kommen vor?

Kaufen Sie sich einen guten Satz Buntstifte und probieren Sie damit gewünschte Farbkombinationen aus. Ob sich Ihre Pläne bewähren, können Sie ebensogut mit einer Kollage testen. Kleben sie dabei Materialproben von Vorhang, Teppich, Tapete und Möbeln zusammen auf einen großen Karton.

Ein lichter Birkenwald im Frühjahr lebt von dem zarten Grün der jungen Blätter und dem weichen, indirekten Licht, das durch die Zweige flimmert. Aber auch das spröde Schwarzweiß der Rinde und das matte Braun der abgestorbenen Blätter vom Vorjahr gehören dazu. Sie geben dem sprießenden Grün Halt. Vielleicht setzten Veilchen weitere kleine, aber kräftige Blauakzente.

Ein Sonnenuntergang strahlt in den unterschiedlichsten Rottönen. Purpurrot, lachsfarben, Knallorange, Graurosa und gleißend Gelb folgen dicht auf. Doch eingerahmt ist er von dunkelblauen, tiefgrauen bis fast schwarzen Tönen. Sie halten die leuchtenden Farben zusammen, die sich eigentlich beißen. Wenn Sie sich den Sonnenuntergang ganz genau ansehen, dann entdecken sie vielleicht noch zarte Spuren von Türkis oder Mintgrün zwischen Rot, Rosa und Orange.

Die schillernden Grün- und Blautöne des Meeres, das Weiß der Häuser und purpurrote Blüten scheinen die Mittelmeerküste zu prägen. Doch sieht man genauer hin, dann kommt auch noch das ruhige, reich strukturierte Grau der Felsen dazu.

Vorsicht vor der Lieblingsfarbe!

Die Farbe, mit der Sie bei der Gestaltung Ihrer Wohnung besonders vorsichtig umgehen müssen, ist Ihre Lieblingsfarbe. Vermutlich ist ein Großteil Ihrer Garderobe im entsprechendem Ton gehalten. Verheerend kann sich das bei Schwarz-Liebhabern auswirken. Schwarzgekleidete Menschen auf einem schwarzen Ledersofa wirken wie eine dunkle Masse. Eine Ansammlung knalliger Rottöne kann den Augen weh tun, zu viel dezentes Grau oder Ocker ein fades Bild ergeben. Werfen Sie also einen Blick in Ihren Kleiderschrank! Je eindeutiger die Farbpräsenz dort ist, desto vorsichtiger müssen Sie sein. Die ideale Wirkung erzielen Sie, wenn Sie Ihre Wohnung in Tönen gestalten, die den passenden Rahmen zu Ihrer liebsten Kleiderfarbe bilden.

Muster lenken die Aufmerksamkeit

Im Gegensatz zu natürlichen Strukturen sind Muster etwas künstliches. Sie sind vom Menschen entworfen und wiederholen sich immer wieder. In der Natur gibt es keine völlige Gleichförmigkeit, auch wenn zum Beispiel Zebrastreifen, Fischschuppen oder Bienenwaben auf den ersten Blick als Muster erscheinen. Einen Gegenstand mit einem Muster zu verzieren, erforderte früher aufwendige Handarbeit. Deshalb wirken Muster auch heute noch kostbar, vor allem wenn sie traditioneller Stickerei nachempfunden sind.

Gegenüber: Besonders schön ist es, wenn Sie für jede Jahreszeit einen passenden Vorhang haben.

Ein schöner Rahmen mit Borten

Schmale Musterstreifen – Borten oder Bordüren – begrenzen einfarbige Flächen und heben sie damit hervor. Wenn Decke und Wand unterschiedlich gefärbt sind, bilden sie eine schöne, weiche Trennlinie. Aufwendige Muster wirken kostbar und steigern damit den Wert eines Raumes. Bordüren rings um einen Türrahmen lassen ihn eindrucksvoller erscheinen. Auch der Fußboden kann mit einer Borte verziert werden. Allerdings wirkt der Raum dadurch enger. Einfache, alte Möbel kann man mit Borten an den Kanten aufwerten. Schablonen dafür gibt es zu kaufen. Sie können sie aber auch selber machen.
Eine Borte muß nicht immer aus komplizierten Mustern bestehen, auch einfache Streifen in einer passenden Farbe wirken sehr schön.

Streifen, Karos, Punkte und Blumen

Streifen geben einem Raum einen heiteren Charakter, besonders wenn sie breit und in fröhlichen, klaren Farben gehalten sind. Da Markisen und Strandkörbe oftmals Streifenmuster haben, fühlen wir uns leicht an Urlaub an der See erinnert. Je schmäler und ungleichmäßiger Streifen sind, desto eleganter wird die Wirkung. Streifen scheinen einen Gegenstand zu strecken. Querstreifen dehnen ihn in die Breite, Längsstreifen in die Vertikale.
Karos wirken schlicht und unkompliziert, wenn sie aus wenigen, klaren Farben in gleichmäßigen Streifen zusammengesetzt sind. Rot- oder blau-weißes Karomuster sind ein klassisches bäuerliches Design. Unregelmäßige Muster sind von den traditionellen Schottenkaros bekannt. Sie wirken eleganter, vor allem wenn sie in raffinierten Farbkombinationen gehalten sind. Dunkle Farbstreifen können die Kreuzungspunkte von benachbarten hellen besonders zum Leuchten bringen.
Punkte wirken verspielt. Je größer sie sind, desto provokanter wird der Effekt. Kleine Muster, vor allem geometrische, die wie

Mosaiken bringen einen Hauch von Luxus ins Bad. Streichen Sie eine Wand in sattem Blau. Hängen Sie dort einen schönen Spiegel auf und umrahmen ihn mit Mustern aus blau-, grün- und türkisschillernden Mosaiksteinchen. Das können kleine Fische, pflanzliche Arabesken oder Spiralen sein. Durch Grünpflanzen können Sie das Gesamtbild abrunden.

Punkte verteilt sind, wirken strenger, aber ebenfalls noch sehr extravagant.
Blumenmuster verraten den Wunsch nach Heiterkeit und Schönheit. Zu naive bunte Muster können aber kitschig wirken. Stark stilisierte Blumen erscheinen streng und hart.

Akzente für Ihre Wohnung!

Wenn Sie Ihrer Wohnung einen anderen Charakter geben möchten, ohne allzu viel zu verändern, dann eignet sich das Spiel mit den Farben sehr gut. Sie müssen nicht unbedingt die Wände neu streichen. Auch kleine bunte Akzente bewirken viel. Da gerade Farben stark von Stimmungen und der Mode abhängen, kann man sich an zuviel Farbe leicht sattsehen. Heute sind die erdigwarmen Wandfarben mediterraner Landhäuser en vogue. Morgen kann der Trend schon wieder zu möglichst hellen Räumen gehen. Bunte Accessoires, Borten oder kleine Möbelstücke lassen sich schneller und billiger austauschen und umgestalten.

Ein schneller Anstrich für die Wand!

Sie müssen nicht unbedingt alle Wände eines Zimmers einheitlich gestalten, wenn Sie sich für Farbe entscheiden. Manchmal ist der Effekt schöner, wenn nur ein oder zwei Wände farbig sind, die anderen aber weiß bleiben. Für Tapeten gilt das Gleiche. Auch Farbabstufungen können schön sein.

Im Trend liegt die Wandgestaltung durch Lasurtechnik. Die aufgetragene Farbe schimmert transparent. Noch während sie feucht ist, nimmt man einen Teil mit Schwamm, Pinsel oder Tuch wieder ab. Dadurch werden lebendige, interessante Strukturen geschaffen, die je nach Untergrund wolkig oder gemasert erscheinen. Die Farben wirken leicht, aber gleichzeitig leuchtend. Als Abschluß kann man schöne Borten in einer passenden Farbe hinzufügen.

Sie können auch nur die untere Hälfte ihrer Wände farbig streichen und die Kante mit einer Borte versehen. Der Raum wirkt dann wie bei einer halbhohen Holztäfelung heller und höher und der Blick wird auf Gegenstände oberhalb der Kante gelenkt.

Der Vorhang zum Wechseln

Sehr einfach und variantenreich können Sie Ihre Wohnung mit bunten Textilien verändern. Sie erzielen damit nicht nur eine neue Farbwirkung, sondern können auch Material, Textur und Muster variieren. Für einen Vorhang braucht es keine große Investition. Er ist aus einem schönen Stoff schnell genäht. Wenn Sie den einen zum Waschen abnehmen, hängen Sie den nächsten bereits wieder auf.

Beinahe ebenso leicht lassen sich Kissenbezüge für Sofa und Sessel herstellen. Auch hier sollten Sie öfters wechseln. Bei einigen Sofas lassen sich die Rücken- oder Seitenpolster mit einem abnehmbaren Überzug versehen. Zu anderen paßt ein schöner Überwurf.

Farben für Bad und Küche

Auch in Bädern liegen farbige Borten im Trend. Sie können mit Hilfe von Schablonen und wasserfester Farbe selber Muster aufmalen. Auch aufklebbare Dekors sind eine Lösung, wenn das Muster mit der Fugenbreite der Fliesen in Einklang zu bringen ist. Es ist aber auch möglich, eine weitere, farblich abgesetzte Fliesenreihe oberhalb der bisherigen anzubringen. Seien Sie aber vorsichtig bei der Auswahl! Verschiedene Fliesen zu kombinieren, ist riskant. Wählen Sie lieber solche aus, die sich von den bisherigen deutlich absetzen und nehmen Sie keine mit einem ähnlichen Untergrund.

Doch nicht nur Borten setzen Farbakzente. Sie können beim Bemalen Ihrer Fliesen Ihrer Phantasie freien Lauf lassen. Sehr hübsch ist es, wenn ein kleines Muster in unregelmäßigen Abständen auf mehreren Fliesen wiederholt wird. Sie können aber auch Gemälde über mehrere Kacheln komponieren. Was halten Sie von grünen Arabesken rund um den Spiegel oder Sonne und Palmen über der Badewanne? Dazu müssen Sie Ihr Bild aber so aufbauen, daß keine farbigen Linien über die Fugen verlaufen.

Wenn Ihr Bad große Kachelflächen in einer unauffälligen Farbe hat, können Sie im Kontrast dazu die verbliebene Wand bunt streichen. Oder Sie entfernen einen Teil der Fliesen und gestalten die freigewordene Fläche neu.

In der Küche ist Vorsicht angesagt. Am schönsten wirkt es in der Regel, wenn Sie ganz auf natürliche Farben und Formen setzen. Wenn dies nicht möglich ist, müssen Sie zu anderen Mitteln greifen. Das beginnt bei bemalten Fliesen und geht über knallbunte Küchengeräte bis zu Bildern an den Wänden. Wenn Sie Decke und freie Wandflächen farbig streichen, wirkt Ihre Küche kleiner. Das macht sie intimer und gemütlicher.

Die Übergänge zwischen Wand und Decke lassen sich auf einfache Weise durch das Anbringen von dekorativen Leisten und Absätzen lebendig gestalten.

Materialien und Stoffe

Dezente Botschaft für die Sinne

Das Material der Einrichtung und seine Oberflächenstrukturen fallen weniger ins Auge als Farbe und Musterung. Trotzdem haben sie großen Einfluß auf die Gesamtwirkung und verraten viel über Ihre Persönlichkeit.

Eine Farbwahl entspringt oft einer augenblicklichen Laune. Die Vorliebe für glatte, klare Oberflächen oder filigrane Musterungen ist dagegen sehr viel konstanter. Eine Wohnung lebt vom Spannungsverhältnis der Materialien untereinander. Kontraste sorgen für Leben.

Holz: Vielseitiges Geschenk aus der Natur

Holz gehört zu den schönsten und vielseitigsten Werkstoffe, die es gibt. Es ist auch einer der sinnlichsten. Holz duftet, faßt sich angenehm an und sieht gut aus. Es bildet einen guten Resonanzraum für Geräusche. Die menschliche Stimme klingt in einem Holzhaus angenehmer als in einer Umgebung aus Beton. Auch das Knarzen von arbeitendem Holz kann einem Haus Atmosphäre verleihen. Ein Raum, in dem viel von diesem Material verwendet worden ist, wirkt deshalb sehr lebendig und natürlich. Die meisten Holzarten dunkeln nach und werden mit den Jahren noch schöner.

Holz ist ein außerordentlich vielseitiges und faszinierendes Material.

Eine schöne Oberfläche macht den Unterschied

Die Oberfläche von Holz muß nicht unbedingt behandelt werden. In der Regel aber empfiehlt es sich. Ein Firnis schützt vor Schmutz und Feuchtigkeit. Die Oberfläche wird glatter und fester.

Am gründlichsten versiegeln bunte oder klare Lacke. Sie überziehen das Holz mit einem Kunststoffüberzug. Es duftet nicht mehr und dunkelt auch nicht nach. Die Oberfläche ist glatt, kühl und läßt sich sehr gut säubern. Je nach Art des Lackes glänzt sie mehr oder weniger stark. Kratzer und andere Schäden können nur beseitigt werden, wenn man die ganze Fläche abschleift und neu lackiert.

Beim Lasieren wird das Holz mit einer transparenten Schutzschicht aus Harz und Öl behandelt, die in die Poren eindringt. Die Oberfläche wird dadurch glatter und weicher. Die Charakteristika des Holzes bleiben aber ebenso erhalten wie sein Duft. Lasuren können auch Farbpigmente enthalten. Die Maserung bleibt trotzdem erkennbar. Lasiertes Holz hat einen matten Glanz.

Helle Hölzer in warmen Farben kommen durch eine Behandlung mit Öl und Wachs am besten zur Geltung. Die Farbe wird intensiviert und die natürliche Maserung hervorgehoben. Die Oberflächen fühlen sich besonders weich an und glänzen seidigmatt. Das Wachs macht sie staubabweisend. Sein Duft harmoniert gut mit dem des Holzes. Ältere, gewachste Möbel strahlen in intensiven, warmen Honigtönen.

Ölen und Laugen verändert die Oberfläche des Holzes am wenigsten. Es wird zwar geschützt, doch Farbe, Duft und Griff bleiben erhalten. Die Oberfläche ist matt und weich. Die Möbel sehen sehr natürlich und unauffällig aus.

Gebeiztes Holz fühlt sich ebenfalls relativ ähnlich wie natürliches an. Die Farbe aber ändert sich. Beizen machen das Holz dunkler. Sie können ihm damit auch einen Ton geben, den es vorher nicht hatte, zum Beispiel aus jungem, hellen Holz scheinbar altes, dunkles machen. Deshalb ist beim Beizen Vorsicht geboten. Bei zu starken Veränderungen wirkt das Ergebnis schnell unnatürlich.

Bambus, Rattan und Sisal sorgen für exotisches Flair

Wie Holz strahlen auch Bambus, Rattan, Sisal, Kokos und Kork die unaufdringliche Lebendigkeit eines natürlich gewachsenen Materials aus. Darüber hinaus aber bringen sie noch den Charme des Fremden, Exotischen mit sich. Sie werden zwangsläufig mehr Aufmerksamkeit auf sich ziehen als heimisches Holz. Durch ihre charakteristischen Eigenschaften machen sie

Tip

Duft und Farbe: Die Holzarten

KIEFER wird am häufigsten verwendet. Sie ist billig und weich. Die helle, warme Farbe verwandelt sich mit der Zeit in schöne, leuchtende Honigtöne. Kern- und Aststücke sind dunkel und rötlich. Zusammen mit der groben Struktur schaffen sie interessante, lebendige Effekte. Kiefer hat einen angenehmen, leichten Duft. Die weiche, empfindliche Oberfläche sollte unbedingt behandelt werden. Kiefernholz arbeitet recht stark, was über die Jahre zu Schwund führen kann.

LÄRCHE ähnelt in ihrer Farbstruktur der Kiefer, ist aber härter und solider. Deshalb eignet sie sich zum Beispiel auch für Bodenbretter. Stühle sollte man daraus nicht herstellen, da Lärche stark harzt. Andererseits verleiht ihr das aber einen schönen Duft.

BUCHENHOLZ ist fein gemasert und hat eine mittelbraune Farbe, die ins Grau oder Rosa spielen kann. Sie dunkelt stärker nach als Nadelhölzer.

BIRNENHOLZ ähnelt in seiner Farbe der Buche. Es ist schwer und hart, fühlt sich an der Oberfläche aber angenehm weich an.

FICHTE hat eine dezente Maserung und wirkt deshalb unauffällig. Frisch ist sie elfenbeinfarben, später wird sie honiggelb. Ihr Duft ist angenehm harzig. Fichtenholz ist sehr leicht und weich. Es kann deshalb sehr viel Wärme speichern und faßt sich angenehm an.

BIRKENHOLZ ist elfenbeinfarben, leicht zu bearbeiten und anspruchslos. Es dunkelt kaum nach. Der Geruch ist relativ schwach.

PAPPEL ist ebenfalls ein anspruchsloses, helles Holz, das wenig nachdunkelt und kaum duftet.

AHORN ist sehr hell. Wenn es richtig gelagert ist, kann das Holz fast schneeweiß sein. Erst auf dem zweiten Blick sieht man die zarte, elegante Maserung. Ahornholz ist sehr hart und nahezu geruchsfrei.

EICHE ist eines der härtesten Hölzer. Frisch ist es hellgrau, nimmt aber mit der Zeit ein tiefes, dunkles Braun an. Eichenmöbel wirken massig und elegant. Wegen seiner dichten Struktur und Härte hat Eichenholz besonders viel Gewicht. Das Holz fühlt sich kühl an und hat leichte Rillen auf der Oberfläche. Vorsicht: Eiche kann säuerlich riechen. Schnuppern Sie deshalb vor dem Kauf!

NUSSBAUM ist das dunkelste einheimische Holz, aber weniger schwer als Eiche und wirkt weniger edel.

LINDE ist ein besonders weiches Holz, das deshalb gerne für Schnitzarbeiten benutzt wird. Es sollte deshalb nicht hohen Belastungen ausgesetzt werden. Lindenholz ist elfenbeinfarben und dunkelt kaum nach.

ZIRBE ist das Holz mit dem stärksten Duft. Die ätherischen Öle, die es verströmt, haben sogar eine positive Wirkung auf die Atemwege. Es hat eine dunkle Farbe, eine kräftige Struktur und relativ viele Astansätze.

TROPENHÖLZER wie Mahagoni oder Teak bestechen durch ihre Farben, ihre edlen Oberflächen und ihre Härte. Lange Zeit war der Kauf aus Umweltschutzgründen verpönt. Inzwischen ist unter dem Zeichen FSC aber Tropenholz erhältlich, das unter ökologisch und sozial korrekten Bedingungen gewonnen wurde.

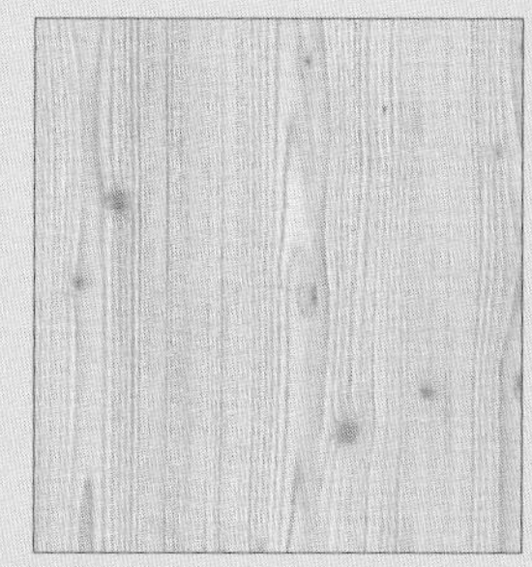

Fichte

Birke

Kirschbaum

Eiche

Ahorn

Effekte möglich, die mit anderen Materialien nicht zu erreichen sind. Man denke nur an den Charme eines filigranen Bambusrollos. Wie fast alle Naturmaterialien haben auch exotische Materialien einen typischen Eigengeruch, der zusätzliches Flair in die Wohnung bringt. Sie sollten allerdings vor dem Kauf testen, ob Sie den Duft mögen.

Möbel: Schöne Rundungen und schlankes Design

Rohr- und Rattanmöbel wirken weicher als Holzmöbel. Die schöne, harmonische Linienführung der gebogenen Rohre läßt sich mit Holz nicht erreichen. Auch ausladende, bequeme Sessel wirken leicht und zierlich. Für einen Raum, der eine beschwingte, heitere Note bekommen soll, sind sie die ideale Ausstattung.

Rattanmöbel gehören zur klassischen Einrichtung eines Wintergartens. Ihre Leichtigkeit harmoniert sehr gut mit seiner hellen, luftigen Atmosphäre. Auch stammen viele unserer Zimmer- und Wintergartenpflanzen wie der Rattan aus Südostasien und ähneln ihm mit ihren schlanken Formen. Mit Rattanmöbeln können Sie Wintergartenatmosphäre in jeden hellen, schö-

Außergewöhnlich schöne Möbelstücke sollten Sie besonders präsentieren. Plazieren Sie sie so, daß sie jedem Besucher sofort ins Auge stechen. Diese Stücke müssen nicht immer Gebrauchsgegenstände sein, sondern dürfen auch musealen Charakter haben.

Betrachten Sie Ihre Fußböden nicht nur unter praktischen Aspekten! Besonders wenn Sie niedrige Sitzgelegenheiten haben, sollten Sie das Fußbodenmaterial sehr sorgfältig auswählen.

nen Raum bringen. Das gilt besonders, wenn Sie ihn zusätzlich mit vielen Grünpflanzen gestalten.

Fußböden: Weich und anregend

Tropische Gräser, Fasern und Rinden werden als Fußbodenbelag immer beliebter. Sie wirken lebendig durch ihre Struktur und dezent durch ihre Farbe. Zwar sind sie nicht so flauschig, dafür aber robuster.

Kokosbeläge werden aus dem getrockneten Bast, der Kokosnüsse umhüllt, gewebt. Ihre leicht rauhe Oberfläche massiert die Fußsohlen beim Barfußlaufen. Sie sind robust, pflegeleicht und unempfindlich.

Sisal ist die getrocknete Faser einer südamerikanischen Agave. Die Beläge sind weicher und glatter als Kokosböden. Sowohl Sisal wie Kokos dämpfen den Trittschall und wirken wärmedämmend. Durch einen Jutefilz unter dem Belag können Sie diese Effekte noch steigern. Außerdem laufen Sie dann besonders weich.

Kork wird aus den gemahlenen und gebackenen Rindenstücken der Korkeichen gewonnen. Die Platten gehören zu den robustesten Bodenbelägen, die weder Flecken noch Stöße übel nehmen. Sie sind deshalb ideal für Kinderzimmer. Durch die vielen eingeschlossenen Luftblasen gibt Kork unter Druck nach, richtet sich dann aber wieder aus. Auf ihm läuft es sich deshalb besonders angenehm. Außerdem dämpft er den Trittschall und wärmt die Füße. Kork eignet sich auch als Bodenbelag für Küchen und Bäder. Er verträgt Feuchtigkeit, allerdings keine stehenden Pfützen.

Linoleum wird vor allem aus Korkmehl und Leinöl hergestellt. Es versprüht zwar wenig exotischen Flair, stellt aber in Küchen und Bädern eine gute Alternative zu Fliesen dar, weil es weicher und wärmer ist. Wenn Sie

Gerade der Materialmix aus Holz, Glas, Stoff und Chrom übt eine faszinierende Wirkung auf das Auge aus. Jedoch sollten Sie dabei auf Ausgewogenheit achten und vermeiden, daß ein Material das Erscheinungsbild dominiert.

mehrere Farben kombinieren, lassen sich sehr phantasiereiche Bodenbeläge entwerfen. Ein geschickter Handwerker kann beinahe jedes Muster umsetzen.

Stoffe schaffen Behaglichkeit

Textilien, Leder und Felle sind die weichsten Einrichtungsmaterialien. Je mehr man davon verwendet, desto behaglicher und intimer wird die Atmosphäre in einem Raum. Sie polstern quasi das eigene Nest aus. Verwenden Sie zu viele dieser Materialien, schaffen Sie eine passive, lethargische Atmosphäre. Eine Wohnung, in der alles nur weich und nachgiebig ist, regt die Psyche nicht an. Wenn Sie diese Stoffe aber geschickt im Kontrast zu härteren Materialien benutzen, kommt die weiche Textur besonders gut zur Geltung, ohne erdrückend zu wirken. Auch die verschiedenen Oberflächenstrukturen sorgen für schöne Effekte.

Die Struktur bestimmt die Wirkung

Wolle ist kräftig und elastisch, dabei aber sehr warm und weich. Sie ist ein Material, das wir spontan mit Herbst und Winter verbinden. Wolle läßt sich sehr gut färben. Sie ist geeignet für Teppiche, Kissenbezüge, Decken und schwere Vorhänge. Zarter und leichter als Schafwolle sind Mohair, Kaschmir und Alpaka.

Baumwolle kostet wenig und ist universal einsetzbar. Sie eignet sich für Bezüge, Tagesdecken und Vorhänge. Baumwollstoffe wirken im Winter wärmend, im Sommer kühlend. Sie haben eine sehr gleichmäßige Textur und wirken ohne Farbe leicht langweilig. Von Natur aus knittert Baumwolle stark und läßt sich nicht gut färben. Deshalb ist sie meist mit vielen Chemikalien behandelt. Baumwollstoffe sollten deshalb unbedingt gewaschen werden, bevor sie zum Einsatz kommen.

Leinen ist ein grober, schwerer, aber edel wirkender Stoff. Das Gewebe ist kühl und robust. Durch seine unregelmäßige Struktur und seinen sanften Glanz entwickelt es eine interessante Wirkung.

Seide ist feiner als menschliches Haar und gehört zu den edelsten Geweben. Ihre Oberfläche kann rauh und noppig, aber auch weich und glatt sein.

Tip

Vorsicht mit Steinfussböden

Je schwerer ein Stein ist, desto langsamer nimmt er Wärme auf. Deshalb bleiben Steinfußböden oft trotz Heizung kalt. Ideal sind sie allerdings in Kombination mit einer Fußbodenheizung, weil sie kaum Energie speichern, sondern alles an die Oberfläche abgeben. In der Übergangszeit, wenn die Heizung abgestellt ist, kann die Kälte des Fußbodens jedoch unangenehm wirken. Besonderes heikel ist ein Steinfußboden in der Küche, da Sie dort viel stehen und umhergehen. Die Härte des Bodenbelags kann auf Dauer die Gelenke belasten.

Satin hat eine schimmernde, weiche Oberfläche, auf der wechselndes Licht besonders faszinierend wirkt.

Samt ist kühl und weich. Durch seine Struktur wirken die Farben sehr tiefgründig. Samt fordert eine Berührung geradezu heraus. Er kann bei zu starker Benutzung aber auch schnell stumpf und unansehnlich werden.

Leder und Felle: Archaische Kraft

Leder und Felle strahlen einen wilden, ursprünglichen Charme aus. Darüber hinaus ist es ein unvergleichlicher Stoff, der nicht synthetisch herzustellen ist. So reißfest, wasserabstoßend und dabei geschmeidig-weich ist kein anderes Gewebe. Echtes Leder bekommt mit dem Alter eine faszinierende Patina. Am schönsten wirkt es in seiner natürlichen Farbe. Sie sollten aber vorsichtig beim Kauf von dunklem Leder sein, da sich der Farbton mit der Zeit noch vertieft. Auch helle Ledermöbel wirken oft schon wuchtig und dominant. Dunkle können einen Raum beherrschen.

Stein, Glas und Metall: Kühler Charme

Harte Materialien wie Metall und Stein, aber auch Glas scheinen dem Ideal einer behaglichen Wohnung zu widersprechen. Doch sie wären nicht so beliebt, wenn ihnen wirklich Charakter und Sinnlichkeit fehlen würden. Ihre Härte und ihre unveränderbare Form läßt sie verläßlich und solide wirken. Sie geben einem Raum Halt und Struktur.

Eine Wohnung, in der zu viel Kaltes, Hartes und Scharfkantiges vorhanden ist, wirkt abweisend und lebensfeindlich. Gut eingerichtete Räumlichkeiten aber, in denen Stein, Metall und Glas überwiegen, kön-

Möbelstücke aus Stein stehen für viele im Widerspruch zu einer gemütlichen und bequemen Einrichtung. Jedoch können insbesondere Tische mit Natursteinplatten überaus interessant und edel wirken.

Präsentieren Sie Ihr schönes Geschirr in auffälligen Vitrinen. Teure Teller und Tassen sind viel zu schade, um in geschlossenen Küchenschränken versteckt zu werden.

nen anregend und aktivierend sein. Eine solche Wohnung erscheint als passendes Zuhause für einen Menschen, der mit beiden Beinen im Leben steht und den Anforderungen der modernen Welt gewachsen ist.

Steine geben eine solide Basis

Ein schön gemaserter Steinfußboden bringt wie jedes andere Naturmaterial Leben und Struktur in die Wohnung. Steinböden wirken edel und sauber, strahlen aber auch Kälte und Härte aus. Glänzende Oberflächen und kühle Farben verstärken diesen Effekt. Die Ausstrahlung von Marmor zum Beispiel mag in südlichen, heißen Ländern wohltuend sein, in unseren Breiten ist bei seiner Verwendung eher Vorsicht geboten. Matter, heller Kalk oder rötliche Gesteine wirken wärmer.

Ziegel oder Keramikfliesen sind poröser als Natursteine und deshalb auch leichter und wärmer. Durch das Brennen erhalten sie eine schöne rotbraune Farbe und strahlen einen rustikalen Charme aus.

Fliesen haben nicht mehr den Zauber der Naturmaterialien, da ihre Oberflächen künstlich gestaltet sind. Dafür kann man unter einer Vielzahl von Farben und Formen wählen. Mit ihrer meist glatten Oberfläche korrespondieren sie gut mit dem Element Wasser.

Glas: Das Spiel mit der Transparenz

Glas wirkt immer etwas irritierend: Es hat eine harte, unveränderliche Substanz, die das Auge fast nicht wahrnimmt. Ein Tisch aus Glas hat eine provokante Note. Wir können unsere Füße nicht darunter verstecken, finden nur schwer Halt für das Auge und scheinen die Kaffeetasse immer ins Nichts zu stellen. Wir erleben seine Funktionalität und haben doch das Gefühl, das dort eigentlich kein Möbel steht.

Schrankwände dagegen werden durch Glas leichter und weniger dominant. Statt einer massiven Türe bestimmen Farbe und Form des Inhalts den Eindruck. Oft werden dort besonders attraktive, empfindliche Gegenstände ausgestellt. Dann ist es wichtig, daß die gläsernen Türen nicht spiegeln. Außerdem sollten die Vitrinen Innenwände haben, die einen schönen Hintergrund bilden.

Glas wirkt leicht und behindert das Licht nicht. Wenn Sie aber zuviel davon verwenden, kann das die Wohnung ungemütlich machen. In dunklen Räumen mit kleinen Fenstern ist viel Glas auflockernd, in Verbindung mit großen Fenstern läßt es den ganzen Raum fragil und zugleich freundlich wirken.

Kleiden Sie eine Nische, in der viele Grünpflanzen stehen, mit schönen Fliesen aus. Sie erwekken damit den Anschein tropisch-feuchter Atmosphäre. Außerdem setzen die durchs Grün schimmernden Kacheln interessante Farbeffekte.

Metalle prägen den Wohnstil

Die Möglichkeit, Metalle durch Schmieden und Gießen zu formen, fasziniert die Menschen seit Entdeckung der Bronze. Von Anfang an diente Metall sowohl für Nützliches wie für Schönes. Gerade die modernen Wohnstile zeichnen sich durch die Verwendung neugeschaffener Metallverbindungen aus. Eine Bronzefigur, ein handgeschmiedetes Bettgestell oder ein gußeisernes Fenstergitter haben heute nostalgischen Charme. Funkelnder Chrom dagegen prägt die moderne Wohnkultur.

Glänzendes Metall wirkt schnell aufdringlich. Matte Oberflächen dagegen sind aufgrund ihrer einheitlichen Farbe und der fehlenden Strukturen sehr dezent.

Auf einem Bettgestell aus Metall sehen Polster und Kissen weicher und üppiger aus. Schöne Schmiedearbeiten wirken trotz der Härte des Materials leicht. Mit keinem anderen Werkstoff läßt sich Stabilität mit so wenig Masse erreichen. Metall kann einem Raum Halt geben, ohne ihn zu belasten.

Tip

Dem Geheimnis von Naturstoffen auf die Spur kommen!

Vergleichen Sie ein Stück Holz mit einem Holzimitat! Die Linien und Muster, das Spiel der Farben sind bei echtem Holz unregelmäßig und lebendig. Solange Sie auch suchen, Sie werden keine Gesetzmäßigkeit, keine Gleichförmigkeit finden. Das Imitat wirkt dagegen langweilig. Echtes Holz präsentiert sich verläßlich und solide. Das Imitat dagegen sieht zwar aus wie Holz, riecht aber nach chemischen Mitteln, fühlt sich an wie Plastik und klingt dumpf. Seine Eigenschaften bei der Verarbeitung müssen erst getestet werden.

Kunststoffe mit Vorsicht verwenden!

Kunststoffe spielen bei der sinnlichen Gestaltung eine untergeordnete Rolle. Im Gegensatz zu natürlichen Materialien scheinen sie wenig Charakter und Atmosphäre auszustrahlen. Sieht man genauer hin, dann sind die Grenzen zwischen künstlichen und natürlichen Stoffen allerdings fließend. Auch Textilien, Kacheln, Glas oder Eisen sind künstlich hergestellt. Zu dem bieten künstliche Materialien und Stoffe in manchen Fällen eine ausgezeichnete und preiswerte Alternative zu den meist teuren Naturmaterialien. Beispielsweise Alcantera sieht so aus und fühlt sich so an wie Verloursleder.

Als Naturprodukt bezeichnen wir Dinge, die auf uns noch natürlich wirken. Auch Holz ist bearbeitet, aber sein Duft, seine Farbe und seine Struktur erinnern an Bäume. Wolle wird gewaschen, gekämmt und gefärbt. Aber sie fühlt sich so flauschig-weich an wie ein Schäfchen. Je weniger stark bearbeitet ein Produkt ist, desto sinnlicher wirkt es auf uns.

Materialien sind uns sympathisch, wenn sie einen verläßlichen Charakter haben. Das gilt nicht nur für Naturmaterialien, sondern beispielsweise auch für Glas oder Metall. Metall wird nicht plötzlich weich, Glas nicht warm. Kunststoffe dagegen kann man mit fast beliebigen Oberflächenstrukturen, Härtegraden, Farbeffekten und Formen herstellen. Sie haben keinen charakteristischen Duft, keinen eigenen Klang und fassen sich nicht vertraut an. Unsere Sinne finden wenig Halt.

Sie sollten Kunststoffe jedoch nicht generell verbannen. In sehr modern eingerichteten Wohnungen können sie durchaus ihren Platz haben. Hüten Sie sich aber vor dem Einsatz von Imitaten: Kunstleder, Holzfurnier und falscher Marmor enttäuschen die Sinne. Sie gaukeln Eigenschaften vor, die sie nicht haben. Besser ist es, wenn Kunststoff auch künstlich aussieht. Generell aber sollten Sie sich den Einsatz gut überlegen. Natürliche Produkte sind meist die bessere Alternative, die sinnlichere auf jeden Fall!

Gegenüber: Beleben Sie Ihre Wohnung durch Kontraste! Hüten Sie sich, ausschließlich Ihr Lieblingsmaterial zu verwenden; dies könnte schnell langweilig und eintönig wirken. Gerade der Mix erzeugt ein interessantes Gesamtbild – probieren Sie es einfach aus!

Kontraste bringen Leben

Jeder Mensch fühlt sich zu dem einen oder anderen Material stärker hingezogen. Aber auch wenn Sie ein ausgesprochener Holzfreund sind, sollten Sie Metall, Stein oder Glas bei der Einrichtung Ihrer Wohnung nicht vernachlässigen. Eine spannungsreiche, sinnlich ansprechende Atmosphäre entsteht immer erst durch Kontraste. Die schöne Maserung eines Parkettbodens kommt in einem Büro, in dem Glas und Chrom dominieren, besser zur Geltung als zusammen mit Holzmöbeln. Dafür wirkt ein bunter Teppich vor einem schlichten Holzschrank attraktiver als vor einem flauschigen, gemusterten Sofa. Letzteres kann dagegen auf einem Terrakotta-Boden gut zur Geltung kommen. Würden Sie aber Glas- und Chrommöbel auf die rötlichen Fliesen stellen, sähe das kalt und langweilig aus.

Das richtige Verhältnis zwischen Kontrast und Harmonie

Kombinationen verschiedener Materialien wirken besonders schön, wenn es neben dem bewußten Kontrast auch ein einigendes Band gibt. Der Kontrast darf ins Auge stechen. Die Gemeinsamkeit dagegen muß nicht auffallen. Sie wird unbewußt wahrgenommen und sorgt für Harmonie.

Weich und rauh:
Ein flauschig-weiches Schaffell bildet einen schönen Akzent auf einem rauh wirkenden Sisalboden. Das gilt nicht nur für

die Augen, sondern auch für die Füße. Der Boden ist dunkel und regelmäßig strukturiert; das Fell hell und sein Flor wild zerzaust. Doch es gibt auch Gemeinsamkeiten. Beides sind ungefärbte Naturmaterialien. Ihr Geruch ist zwar verschieden, harmoniert aber miteinander. Ein weicher, bunter Kunstfaserteppich würde dagegen auf Sisal nicht gut wirken.

Glänzend und matt: Ein Spiegel fällt auf einer Wand, die in intensiven, erdigen Farben gestrichen ist, besonders ins Auge. Er wirkt interessant, anziehend, fast wie ein Fenster. Die Flächigkeit von einfarbiger Wand und Spiegelglas sorgt für eine harmonische Gesamtwirkung.

Einfarbig und gemustert: Einfache weißlackierte Möbel vor einer Tapete mit weißblauen Längsstreifen ergeben einen sehr heiteren, harmonischem Raumeindruck. Das gemeinsame Weiß verbindet. Die Möbel wirken vor dem Muster gerade durch ihre Schlichtheit schön.

Hart und weich: Auf einem Schieferfußboden kommen bunte Teppiche besonders zur Geltung. Der Kontrast zum Stein läßt sie flauschiger wirken. Der dunkle Untergrund bringt sie zum Leuchten. Die Gemeinsamkeit beider Materialien liegt in der fein strukturierten Oberfläche und den kräftigen Farben.

Bevor Sie ein neues Sofa oder Vorhänge kaufen, bitten Sie den Händler am besten, Ihnen eine Stoffprobe mit nach Hause zu geben. So können Sie einfach überprüfen, ob die Farbtöne und Musterungen mit Ihren Möbelstücken harmonieren.

Grob und fein: Vor einer rauh verputzen Wand wirken hauchdünne Vorhänge besonders zart und duftig. Allerdings sollten die Farben harmonieren.

Alt und neu: Alte Nähmaschinentische mit schön geschwungenem gußeisernen Gestell sind beliebte Sammlergegenstände. In einer modernen, minimalistisch eingerichteten Wohnung kommen sie besonders gut zur Geltung. Die Funktionalität der Maschine paßt zu der des Wohnstils.

Wohnmaterialien auf einen Blick

Baumwolle	Die hautfreundliche Naturfaser läßt sich im Wohnbereich vielfältig einsetzen: Gardinen, Möbelbezüge, Bettwäsche und sogar Matratzenfüllungen werden aus dem atmungsaktiven und antistatischen Material hergestellt. Bei großer Kälte machen sich das nur mittlere Wärmevermögen und die hohe Feuchtigkeitsaufnahme von Baumwolle möglicherweise negativ bemerkbar. Dicht gewebte, meist stark imprägnierte Gewebe aus Baum- oder Zellwolle (Kaliko) sind wegen ihrer Festigkeit besonders strapazierfähig. Sie lassen sich gut nicht nur für Polsterbezüge, sondern auch z.B. für Rollos verwenden Lange unterschätzt, sind Filze aus unterschiedlichsten Materialien heute wieder ausgesprochen modern. Während leichtere Qualitäten aus Baumwolle sich gut etwa für Wandbespannungen eignen, sind dicke Wollfilze auch für andere Anwendungsbereiche wie z.B. Kissen- oder Sofabezüge zu verwenden.
Filz	Wer sich mit so einem Trendmaterial nicht für viele Jahre festlegen möchte, näht dekorative, abnehmbare Hussen z.B. für Stühle und Sessel.
Fußbodenbeläge	... aus Materialien wie Seegras, Baumwoll- und Leinenmischungen sowie Naturfasern stehen heute hoch im Kurs. Sie lassen sich wunderbar mit naturbetonten Einrichtungsstilen kombinieren, sind aber nicht ganz pflegeleicht. Vor der Wahl sollten Sie unbedingt einmal barfuß probelaufen! Jahrzehntelang waren Teppiche ein wenig aus der Mode gekommen, weil Parkett- oder Teppichböden praktischer und moderner schienen. Heute wird immer mehr Menschen bewußt, wie wohltuend schöne Teppiche aus Naturmaterialien die Atmosphäre in einer Wohnung bereichern. Neben Wollteppichen sind auch die etwas preiswerteren Baumwollteppiche oder, für besondere Ansprüche, besonders edle Stücke aus Seide zu empfehlen. Wichtiger Zusatznutzen: Naturfasern tragen entscheidend dazu bei, das Raumklima zu verbessern.

Glas	Überall, wo Leichtigkeit und Stabilität gewünscht sind, ist Glas das ideale Material. Längst wird es nicht mehr nur für Wände, Türen und Fenster eingesetzt. Regale, Tische und Dekoobjekte aus dem uralten Werkstoff passen sich jedem Wohnstil an.
Holz	Das Naturmaterial schlechthin darf nirgendwo fehlen, wo eine wohnliche, gemütliche Atmosphäre entstehen soll. Böden, Möbel, Zier- und Nutzgegenstände – echtes Holz läßt sich fast grenzenlos einsetzen! Auch farblich stehen Holzliebhabern beinahe alle Wünsche offen.
Jute	Neben den allgemein bekannten Wandbespannungen lassen sich aus Jute auch Matten oder Teppiche herstellen.
Kokosfaser	... wird aus dem fasrigen Mantel, der die Kokosfrüchte umgibt, gewonnen. Kokosfasern sind sehr leicht und dabei elastisch, strapazierfähig und wärmespeichernd. Bodenbeläge allerdings haben eine recht rauhe Oberfläche – das muß man mögen.
Leder	Für den rustikalen oder den reduziert-strengen Einrichtungsstil gibt es kein edleres Material – besonders für Sessel und Sitzgruppen. Teuer, aber unnachahmlich schön und äußerst individuell: Wandbespannungen aus echtem Leder!
Leinen	Luftdurchlässigkeit und die edle Oberflächenstruktur dieses aus der Flachspflanze gewonnenen Naturmaterials empfehlen es für den Wohnbereich. Vorhänge, Kissen- und Polsterbezüge, Zier- und Überdecken aus Leinen wirken wohnlich und lassen sich elegant, rustikal oder folkloristisch-bunt wählen. Vor allem im Sommer entfaltet Leinen eine angenehm kühlende Wirkung.
Rattan	Nicht nur für den aktuellen, asiatisch inspirierten Wohnstil läßt sich dieses aus Asien stammende Naturmaterial vielfältig einsetzen. Neben den vor allem für Wintergärten beliebten Sitzmöbeln verwendet man Rattan heute auch für moderne Kleinmöbel, Betten und sogar Schränke.
Satin	Wer Mut zur Romantik hat, wird an Satin für die Wohnungsausstattung nicht vorbeikommen. Sanfter Glanz und die fließende Oberfläche machen Kissen, Tischdecken oder Vorhänge aus dem schillernden, weichen Stoff zum Blickfang Ihres Heims.
Seegras	...wird hauptsächlich für Matten und Sitzmögel verwendet. Das fasrige Material trocknet stark aus und muß ab und zu gewässert werden.

Seide	Luxus pur verspricht diese edle Naturfaser, die schon im alten China hoch geschätzt war. Während fein gewebte Seide sich für Tischdecken, superleichte Vorhänge und Kissen eignet, kann man stärkere, gröber gewebte Seiden auch für Möbelbezüge oder Wandbespannungen verwenden. Toll sind auch sommerliche Bettdecken aus atmungsaktiver Seide. Wertvolle Knüpfteppiche aus echter Seide sind darüber hinaus eine veritable Geldanlage!
Sisal	Empfiehlt sich als weichere Alternative zur Kokosfaser, ist aber ebenso strapazierfähig und schön, wenn es zu einem harmonisch wirkenden „Naturteppichboden" verarbeitet ist.
Stahl	Unglaublich, wie vielfältig dieser einst so „technische" Werkstoff sich heute in der Wohnung verwenden läßt. Besonders bei Küchen- und Badausstattung sowie Leuchten überzeugt dieses langlebige Material durch seine schöne, dezent schimmernde Oberfläche. Mutige setzen Stahl gezielt auch im Fußbodenbereich oder für avantgardistische Möbel ein.
Stein	Natursteine wie Marmor, Schiefer, Kalkstein und Granit eignen sich nicht nur für Fußbodenbeläge, sondern auch für Möbel wie Tische oder Badezimmerausstattungen. Wenn sie mit anderen, wärmeren Materialien und Pflanzen kombiniert werden, wirken sie ausgesprochen wohnlich. Und die Farbpalette ist so breit, daß keiner Ihrer ganz persönlichen Wünsche offen bleiben muß!
Textile Kunststoffe (z.B. Alcantara)	Echtes Velourleder ist zwar wunderschön, doch auch teuer und nicht ganz leicht zu pflegen. Alcantara ist eine preiswerte, strapazierfähige Alternative und läßt sich, weil der Stoff so weich fließt, noch vielseitiger einsetzen als echtes Veloursleder. Eine breite Farbpalette ermöglicht die Anpassung an praktisch jeden Einrichtungsstil. Neben Möbelbezügen wirken auch Vorhänge, Bettüberwürfe oder Tischdecken aus dem pflegeleichten Material schön.
Veloursleder	Dieses weiche Naturmaterial wird gern für Polsterbezüge verwendet; es ist allerdings recht heikel in der Pflege, besonders bei sehr hellen Farben. Die Wirkung des nicht ganz billigen Naturleders ist geradezu unwiderstehlich!
Wolle	Der Naturstoff gehört zu den Einrichtungsmaterialien, die in jeder Wohnung eine gemütliche Atmosphäre schaffen. Neben Teppichen sind auch Polsterbezüge, Überwürfe, Vorhänge und Wohndecken aus Wolle Garant für individuelles, naturnahes Wohnen.

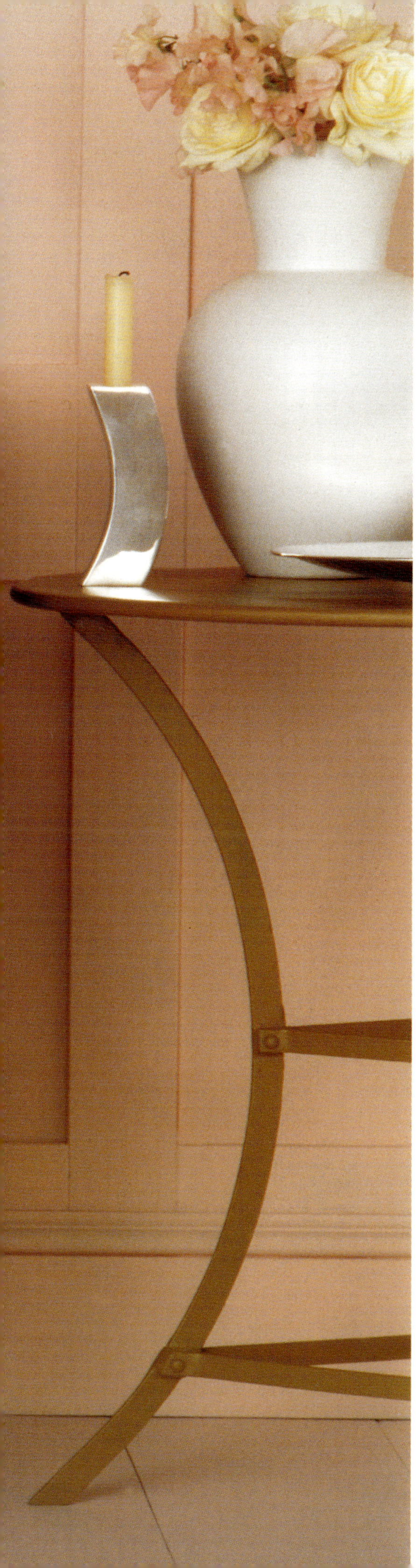

Der letzte Schliff

Schöne Einrichtungs-gegenstände

Das Einrichten einer Wohnung ist ein Prozeß, der eigentlich nie endet. Immer wieder findet man etwas Schönes, hat eine neue Idee oder andere Bedürfnisse als einige Zeit zuvor. Manche Dinge behält und pflegt man sein Leben lang. Andere wiederum haben irgendwann ausgedient. Eine Wohnung, die gleich zu Anfang perfekt ist, kann sich nicht mehr entwickeln. Eine anfangs einfach und praktisch eingerichtete Wohnung kann immer schöner werden.

Möbel zum Wohlfühlen

Möbel müssen vor allem zwei Sinne befriedigen: Das Auge und den Tastsinn. Letzterer aber steckt nicht nur in den Fingerspitzen. Unsere Umgebung spüren wir mit unserer ganzen Haut. Alle Nervenzellen sind beteiligt. Selbst ein schönes, weiches Sofa mit einem wunderbar schmeichelnden Überzug fühlt sich nicht mehr gut an, wenn Muskeln und Sehnen durch langes Sitzen steif werden und schmerzen.

Sinnliche Möbel sind mehr als nur schön. Sie haben nicht bloß einen schönen Klang und eine sympathische Oberfläche. Bezeichnend ist, daß wir uns beim Gebrauch auch rundum wohlfühlen. Scharfe Ecken und Kanten sind ein Übel. Eine Wohnung, in der wir uns nicht ungezwungen bewegen können, sondern in acht nehmen müssen, wird von unseren Sinnen als feindlich empfunden.

Arbeitsflächen haben oft nicht die richtige Höhe. Viele Menschen bekommen in ihrer Küche sehr schnell Rückenschmerzen. Manchmal hilft es, ein dickes Brett unterzulegen. Versuchen Sie auch, möglichst viele Tätigkeiten auf einen Tisch zu verlagern. Dort können Sie im Sitzen arbeiten.

Richten Sie Ihr Wohnzimmer nach Ihrem eigenen Vorstellungen ein.

In sehr hohen oder niedrigen Schränken läßt sich nur mit Mühe etwas finden. Achten Sie deshalb auf viel Stauraum in bequemer Reichweite. Dinge, die in den obersten und untersten Etagen aufbewahrt werden, packen Sie am besten in Kisten. Sie können dann mit einem Handgiff die ganze Kiste herausziehen.

Sparen Sie nicht bei Matratze und Lattenrost Ihres Bettes! Beides sollte optimal zusammenpassen und weder zu hart noch zu weich sein. Wenn eine Matratze durchgelegen ist, kann sie vielleicht noch zum Toben für die Kinder dienen. Zum Schlafen sollten Sie sich aber unbedingt eine neue leisten.

Ältere Menschen bevorzugen härtere, höhere Sitzmöbel, aus denen sie ohne großen Kraftaufwand aufstehen können.

Kein Mensch sitzt gerne in der Mitte eines großen Sofas. Er kann sich nirgends anlehnen, muß sich aber andauernd nach links oder rechts zu seinen Gesprächspartnern drehen. Wenn Fremde nebeneinander sitzen, fehlt zudem die nötige Distanz. Mehrere Einzelsessel und Zweisitzer, wo jeder seine Ecke hat, sind angenehmer.

Ein neues Kleid für alte Sachen

Viel zu oft werden Dinge ausrangiert, die schadhaft oder einfach nur alt geworden sind. Nichts spricht dagegen, Sachen, die uns tatsächlich nicht mehr gefallen, wegzugeben. Doch Sachen, die wir einmal geliebt haben, sind einen zweiten Gedanken wert. Sind Sie in Ihrer Substanz noch gut erhalten und eine Restaurierung möglich? Kann ein neues Stück sie wirklich ersetzen? Vielleicht handelt es sich bei ihrem guten Stück ja sogar um eine „Antiquität", bei der Sie sich später ärgern, wenn sie auf dem Sperrmüll gelandet ist. Bei der Restaurierung von Antiquitäten sollten Sie vorsichtig sein.

Farbe bringt neues Leben

Massivholzmöbel sind zu schade für den Sperrmüll. Es läßt sich eigentlich immer etwas aus ihnen machen. Die erste Arbeit ist meistens, den alten Oberflächenfirnis abzuschleifen. Das ist eine staubige Angelegenheit, zu der auch ein bißchen Erfahrung gehört. Wenn Sie das nicht selber machen wollen, suchen Sie sich jemanden, der sich darauf versteht und Ihnen zu einem vertretbarem Preis behilflich ist.
Wenn die Oberfläche freigelegt ist, können Sie dem Möbelstück ein neues Gewand geben. Falls Ihnen Farbe und Maserung des Holzes zusagen, dann sollten sie nur eine Schutzschicht aus Öl oder Wachs auftragen. Schlichte Holzmöbel passen zu einem skandinavischen Wohnstil, reich verzierte vermitteln ein alpenländisches Flair.

Sehr oft werden Kalkfarben zur Behandlung von Möbeln, aber auch Holzfußböden und Vertäfelungen verwendet. Sie ergeben weiche, matte Oberflächen in kreidigen Pastelltönen. Das strahlt einen leichten, aber gleichzeitig rustikalen Charme aus.

Werfen Sie alte Möbel nicht einfach auf den Sperrmüll. Mit einigen kleinen Tricks lassen sich daraus wieder schöne Stücke anfertigen.

Zu einer modernen Wohnung passen dagegen besser knallige Farben und Glanzlack. Diese Möbelstücke werden zum Blickfang. Nichts erinnert mehr an Holz.

Schöne, neue Polster

Oft finden sich auch auf dem Trödel oder im Second-Hand-Laden interessante Stücke, die allerdings ein paar Veränderungen oder Reparaturen nötig haben. Wer etwas Besonderes sucht, muß oft selber Hand anlegen. Das Angebot der Möbelhäuser richtet sich nach der aktuellen Mode. Überall findet sich der gleiche Stil. Exclusive kleine Läden dagegen, die nicht nur den Mainstream führen, sind oft sehr teuer.

Abgenutzte Stühle müssen nicht immer gleich weggeworfen werden. Verschönern Sie Ihre Sitzgelegenheiten mit bunten Hussen. Auf diese Art können Sie alte und neue Stühle problemlos miteinander kombinieren und schaffen so zugleich noch farbenfrohe Akzente in Küche oder Eßzimmer.

Rangieren Sie Ihren Lieblingssessel nicht aus, wenn er schäbig geworden ist! Ein Möbelstück, in dem sie Tag für Tag sitzen, in das sie sich müde hineinfallen lassen, wenn Sie abends von der Arbeit kommen, läßt sich nicht einfach durch ein neues ersetzen. Geben Sie liebgewordene Gewohnheiten nicht einfach auf. Schenken Sie Ihrem Sessel lieber ein neues Gewand.

Wenn Sie nur Polsterauflagen haben, können Sie sie selber neu beziehen. Aber auch wenn Sie das Möbel aufarbeiten lassen, muß das nicht teuer sein. Suchen Sie sich einen Fachbetrieb und besorgen Sie sich den Stoff selber. Dann sind Sie nicht auf das oft knappe Angebot der Musterbücher beschränkt.

Wenn das Neubeziehen sehr teuer ist, dann sollten Sie Alternativen erwägen. Vielleicht reicht es ja, wenn nur Sitz- und Rückenlehne erneuert werden. Ein hübscher Kontrast zwischen altem und neuen Bezug kann das Möbelstück sogar aufwerten. Auch ein flaches, festes Kissen passender Größe auf der Sitzfläche könnte eine Lösung sein. Vielleicht paßt aber auch ein lockerer Überwurf zu Ihrem Einrichtungstil.

Wenn dies alles zu keiner Lösung führt, überlegen Sie sich, ob das Lieblingsstück die Ausgabe nicht doch wert ist. Oder sie plazieren es ein wenig unauffälliger. Vielleicht findet sich im Schlaf- oder Arbeitszimmer ja noch ein Eckchen, während für das Wohnzimmer etwas Neues angeschafft wird. Bequeme Sitzplätze kann man eigentlich nie genug haben. Das Gleiche gilt natürlich auch für lieb gewordene Sofas. Nicht nur Stühle und Sessel sind schöne Sitzplätze. Auch stabile Truhen oder breite Fensterborde eignen sich. Mit ein paar schönen Kissen werden sie zu einer Sitzgelegenheit und bestimmt oft und gerne genutzt.

Im Orient sind Kissen verbreitet, die einfach auf den Boden gelegt werden und so im Nu aus jeder beliebigen Ecke einen Sitzplatz machen. Wenn Sie gerne am Morgen mitten im Wohnzimmer die Zeitung lesen, weil dort die Sonne hinscheint, sollten Sie sich auch so ein Sitzkissen anschaffen. Das Polster eines ausrangierten Sofas mit einem schönen, neuen Bezug reicht manchmal schon aus.

Tip

Ihrer Phantasie sind beim Gestalten keine Grenzen gesetzt:

- Ein weißer Schrank mit blauen und türkisfarbenen Streifen an den Kanten strahlt griechisches Flair aus.
- Ein leuchtend blauer Hocker gibt einen schönen Ständer für üppige Grünpflanzen.
- Eine grüne Haustür mit Glaseinsatz wirkt ländlich und einladend.
- Kissen mit spanischen oder arabischen Motiven auf weißen Holzstühlen geben mediterranes Flair.
- Bunte Holzlasuren bringen dezente Farbe in einen Raum, der nur mit Naturmaterialien ausgestattet ist.
- Zarte Romantik strahlt ein mintgrün gekalktes Bettgestell mit rosa-weißer Bettwäsche aus.
- Eine dunkel lasierte oder gekalkte Holztruhe wirkt wie ein altes Familienerbstück und gibt einem Raum Würde und Gewicht.

Eine Kleinigkeit kann genügen!

Manchmal sind es Details, die ein altes Möbelstück unansehnlich machen. Unmodern gewordene Beschläge können optische „Störenfriede“ sein. Das Auswechseln der Griffe und Schlösser kann in solchen Fällen Wunder wirken.

Eine Schrankwand wirkt weniger massiv, wenn Sie eine oder zwei Türen herausnehmen. Montieren Sie auch die Scharniere ab und stellen Sie in den offenen Teil besonders hübsche Dinge. Wenn Sie doch lieber einen geschlossenen Stauraum hätten, dann fertigt Ihnen ein guter Tischler Türen, in die Glas, Spiegel, Lamellen oder Gitter integriert sind. Ein Schrank oder eine Vitrine kann mit anderen Türen wie neu wirken.

Mit bunten Holzlasuren können Sie Akzente setzen. Streichen Sie nicht das ganze Möbelstück an, sondern heben Sie nur Kassetten, Zierkanten, Füße, Griffe oder Schnitzereien farblich hervor. Nicht nur Möbel lassen sich so verschönern, sondern jedes Teil aus Holz.

Bei manchen Tischen helfen kürzere oder längere Beine, um eine passende Funktion für ihn zu finden.

Zweckentfremden mit Gewinn

Nicht jedes Möbelstück muß als solches gefertigt worden sein. Die verschiedensten Dinge können zu dekorativen und originellen Einrichtungsgegenständen werden. Passen Sie aber auf, daß Sie die Grenze zum Kitsch nicht überschreiten! Ein Hirschgeweih als Hutständer wirkt selten passend. Am attraktivsten sind meistens Dinge, die gut Patina ansetzen können, beispielsweise schönes, altes Handwerk und Gegenstände, die massiv aus einem möglichst naturbelassenem Material hergestellt sind.

Mit kleinen Tricks schaffen Sie auch in der winzigsten Küche mehr Arbeitsfläche.

In der Regel ist es besser, wenn Sie die Dinge in Ihrem Originalzustand lassen. Ein bunter Anstrich sieht zwar hübsch aus, schmälert aber den nostalgischen Charme. Übertreiben Sie nicht. Eine Wohnung voll alter bäuerlicher Gerätschaften wirkt bei jemanden, der wenig Bezug zum Landleben hat, schnell unpassend.

Auch Möbel, die für einen bestimmten Zweck geschaffen worden sind, lassen sich oft gut für einen anderen gebrauchen.

- Ein altes Küchenbüffet kann mit restaurierter Oberfläche einen attraktiven Schrank für Wohn- oder Eßzimmer abgeben.
- Als Couchtisch läßt sich auch eine schöne Truhe verwenden.
- Eine große Schatulle wird, auf passende Füße gestellt, ein elegantes kleines Schränkchen.
- Ein einfacher Schemel kann als Podest für einen schönen Gegenstand dienen.
- Zierliche, eiserne Gartenstühle machen ein Wohnzimmer leicht und heiter.
- Ein Vitrinenschrank, weiß oder bunt lackiert, gibt im Bad Ihren Schönheitspflegemitteln den richtigen Rahmen.

Mut zum Maßgefertigten!

Wenn Sie im Handel nicht finden, was Sie suchen, dann sollten Sie über maßgefertigte Lösungen nachdenken. Das muß nicht unbedingt teuer sein. Vor allem dann nicht, wenn Sie die wertvolle Zeit miteinrechnen, die Sie auf der Suche nach einem passenden Möbelstück verschwenden. Gerade bei schwierigen Raumverhältnissen wie Ecken oder Nischen kann ein guter Handwerker oft schnell zu einer einfachen, unkomplizierten Lösung kommen. Außerdem geben individuell entworfene und angepaßte Dinge ihrer Wohnung einen unverwechselbaren Charakter.

Ablagen für Küche und Bad

Fehlt Ihnen in Ihrem Bad nicht auch oft eine große Ablagefläche? Der schmale Rand des freihängenden Beckens reicht nicht aus und das Badregal ist zu weit entfernt. Die Lösung kann ein Waschtisch mit integriertem Becken sein. Das wirkt luxuriös und großzügig. Sie brauchen dazu keine teure Neuanschaffung. Eine einfache Platte, die ein guter Tischler rund um Ihr Waschbecken anpaßt, reicht völlig aus. Für die Oberfläche können Sie einen praktischen Kunststoffüberzug wählen, aber auch wasserdicht versiegeltes Holz, Fliesen oder Kork. Oder Sie bemalen die Platte selber und schützen Sie mit einem Überzug aus

Bootslack. Edel wirkt ein Mosaik in schillernden Grün-, Blau- und Türkistönen. Stellen Sie abschließend eine Grünpflanze auf und drapieren ein paar hübsche Fläschchen und Flakons darum.

Die Lust auf ein warmes Bad steigt, wenn um die Wanne alle verlockenden Ingredienzien einladend präsentiert werden und wenn es Platz für ein Buch, ein Glas oder einen Teller mit Obst gibt. Oftmals genügen ein paar einfache Holzbords an den Wänden. Sie können sich aber ein kleines Tischchen anfertigen lassen, das in der Höhe genau mit der Wannenkante abschließt. Auch einen breiten Sockel mauern zu lassen und mit Fliesen zu überziehen, ist nicht aufwendig, wenn genügend Platz vorhanden ist. Vielleicht wollen Sie Ihre Wanne ja auch vom übrigen Badezimmer abtrennen, um eine intimere Atmosphäre zu schaffen? Lassen Sie sich eine kleine Wand mauern, die Aussparungen und Nischen hat, die als Stellflächen dienen. Oder Sie ziehen die Kante stufenförmig bis zum Wannenrand hinunter und nutzen die Absätze.

Tip

Geben Sie alten Dingen einen neuen Glanz

- Blankgescheuerte Melkeimer können Sie als Blumenkübel nutzen.
- Das Zifferblatt einer alten Kirchturmuhr gibt einen schönen, sehr symbolträchtigen Wandschmuck ab. Sie können es auch als Tischplatte verwenden.
- Ein Reisigbesen, mit einer Lichterkette durchflochten, sorgt für romantische Beleuchtung.
- Ein schönes, großes Schachbrett wird mit einem Fuß zum kleinen Tischchen.
- Holzhändler schneiden vor der Verarbeitung die unterste Scheibe eines gefällten Baumstammes ab. Wenn Sie ein solches Teil eines exotischen Baumriesen organisieren können, ergibt das einen unvergleichlichen Tisch.
- Spankörbe für Obst werden mit buntem Anstrich zu billigem und zweckmäßigem Stauraum für Kinderspielzeug.

Auch in der Küche sind genügend Stellflächen an den richtigen Plätzen das A und O. Wenn Sie keine Einbauküche haben, sollten Sie die wichtigsten Geräte wie Herd und Spüle so plazieren, wie es für Sie am bequemsten ist und die Arbeitsflächen dazwischen maßanfertigen lassen. Das kann sogar billiger kommen als Küchenmöbel von der Stange. Stellen Sie den Herd doch schräg in eine Ecke. Dann können Sie auf zwei Seiten Zutaten und Geräte in Griffweite plazieren. Die entstehenden Ecken und Hohlräume lassen sich sehr einfach mit individuell zugesägten Arbeitsplatten füllen. Die Höhe können Sie gemäß Ihrer Körpergröße festlegen. Damit beugen Sie Verspannungen und Kreuzschmerzen wirksam vor.

Stauräume wirklich nutzen

Schauen Sie einmal, wieviel ungenutzter Stauraum sich in Ihrer Wohnung befindet!

Je mehr Stauraum Sie haben, desto größer sind Ihre Freiheiten, Räume so zu gestalten, wie Sie möchten. Sie brauchen keine großen Schränke, können lockerer gruppieren und haben mehr Platz für Schönes und Dekoratives. Aber auch Stauraum steht nur in begrenztem Maße zur Verfügung. Deshalb ist es wichtig, daß Sie ihn so gut wie möglich nutzen. Auch hier können sich Eigenbauten und Maßanfertigungen bewähren. Verschenken Sie beispielsweise nichts von dem Platz unter dem Treppenaufgang. Schaffen Sie Flächen, wo Sie etwas stapeln können. Beispielswiese mit Regalböden, die an die Wand gedübelt werden, und einem Vorhang davor. Beim Umzug können diese Böden problemlos her-

Besonders in der Küche ist es notwendig, jeden freien Bereich zu nutzen. In herausziehbaren Körben lassen sich sehr viele Dinge praktisch verstauen. Darüber hinaus sind sie ein schöner Blickfang.

ausgenommen und in der nächsten Wohnung wieder verwendet werden. Auch flexible Regalsysteme eignen sich gut für Stauräume, weil sie bedarfsgerecht zusammengebaut werden können. Sie sind ebenfalls leicht zu demontieren und neu zusammenzusetzen.

Herausziehbare Holzkisten, Körbe und Schachteln helfen, mehr Dinge in einem Regal oder Schrank unterzubringen. Außerdem muß ein Fach nicht erst leergeräumt werden, um einen Gegenstand ganz hinten zu erreichen. Ideal ist eine kleine Abstellkammer. Um sie optimal zu nutzen, sollte man an beiden Seiten Schränke, die bis zur Decke reichen, aufstellen. Wenn der Raum zu eng ist, um Türen zu öffnen, können Sie in diesem Fall Schiebetüren oder offene Regale verwenden.

Darüber hinaus ergibt sich bei einer Kombination von verschiedenen Schachteln und Boxen ein recht buntes Bild, und auf diese Weise läßt sich auch der jeweilige Inhalt der Schachtel leichter zuordnen, wenn Sie etwas suchen. Besonders wenn Sie wieder einmal „die Stecknadel im Heuhaufen suchen", werden Sie dafür dankbar sein, daß Sie sich vorher die Zeit genommen haben die einzelnen Behälter sorgfältig zu beschriften.

Ein Augenmerk auf Fenster und Türen

Unpassende Fenster und Türen gehören zu den größten Stilsünden, die man einem Haus antun kann. Der Gesamteindruck und die Proportionen werden dadurch manchmal völlig entstellt. Doch auf den ersten Blick kann man meist nicht sagen, was an diesem Haus falsch wirkt. Alte Fenster wurden in den letzten Jahren oft gegen pflegeleichte, wärmeisolierende Kunststoffmodelle ausgetauscht, die in Größe und Aussehen genormt sind. Sehen Sie sich die Fassade Ihres Hauses deshalb genau an und überlegen Sie, ob Fenster und Türen wirklich passen. Wenn Sie ein altes Haus haben, dann sollten Sie sich Fassaden aus derselben Periode ansehen, die noch die ursprünglichen Fenster haben. Meistens werden Sie feststellen, daß sich so für das Haus ein ganz anderes Flair ergibt. Fenster waren früher oft schmaler und höher. Sie hatten dekorative Simse, Stuckrahmen, Bögen, doppelte Flügel, Gitter, Kasetten und anderen Zierat, der zur Hausfassade paßte.

Tip

Lange Fenster sind elegant und bringen Licht

Auch wenn Sie in einem modernen Haus wohnen, sollten Sie Ihren Fenster einen Gedanken widmen. Gewöhnlich sind sie so angebracht, daß sie für einen Menschen, der auf einem Stuhl sitzt oder im Raum steht einen bequemen Ausblick bieten. Für Wohnbereiche mit niederen Sofaecken oder Betten sind solche Fenster zu hoch. Tiefer gezogene Rahmen wirken dagegen einladend und elegant. Außerdem kommt mehr Licht in den Raum. Wenn Sie von Ihrem Schlafzimmer oder der Sofaecke eine ungestörte Aussicht haben wollen, sollten Sie eine solche Änderung unbedingt in Betracht ziehen.

Fenster auszutauschen, zumal gegen Spezialanfertigungen, ist keine einfache und billige Sache. Aber wenn Ihre Fenster sowieso alt sind und erneuert werden müssen oder Fassadenarbeiten vorgenommen werden, sollten Sie sich überlegen, ob ein Austausch nicht doch lohnt. Wenn Sie weniger Aufwand betreiben wollen, helfen manchmal auch kleine Tricks. Aufgeklebte Holzleisten etwa, die Kassetten und Unterteilungen vortäuschen, oder ein passender Rahmen.

Auch die Optik von Haustüren muß stimmen. Sie sind der erste Eindruck, sozusagen der Willkommensgruß für den Besucher. Die Eingangstüre sollte den Blick auf sich ziehen und sich deutlich von Nebeneingängen unterscheiden. Dunkle Türen wirken gewichtiger. Sie sollten deshalb mit freundlichen, einladenenden Details umgeben sein, etwa einem hübschen Vordach, einer Einrahmung mit Grünpflanzen oder einem Glaseinsatz. Meistens ist es schöner, wenn Türe und Rahmen in verschiedenen Farben gestrichen sind. Auch selbstgemachter Türschmuck oder ein individuell gestaltetes Namensschild wirken einladend und freundlich.

Ein Ehrenplatz für Lieblingsgegenstände!

Mit der Zeit werden Sie immer mehr schöne Einrichtungs- und Dekorgegenstände in Ihrer Wohnung angesammelt haben. Aussortieren scheint irgendwann unumgänglich. Doch anstatt die Dinge wegzuwerfen, die Ihnen immer noch gefallen, sollten Sie diese je nach Stimmung immer wieder austauschen. Stellen Sie auf, was Ihnen im Moment am besten gefällt. Anderes deponieren Sie im Schrank oder Keller. Von Zeit zu Zeit sollten Sie dann Ihren Fundus durchsehen und Dinge austauschen. Besonders schön ist es, wenn die Einrichtung Ihre Ver-

Werfen Sie Accessoires, an denen Sie sich sattgesehen haben, nicht einfach weg, sondern stellen Sie diese in den Keller. Vielleicht finden Sie später wieder Gefallen daran.

Wer sagt, daß Sie Ihre Sammlerstücke nur im Wohnzimmer präsentieren können? Gerade schönes Geschirr, in einer dekorativen Glasvitrine untergebracht, kann in der Küche eine schöne und willkommene Abwechslung sein.

fassung, Ihre Lebenssituation oder die Jahreszeiten widerspiegelt.

Vor allem Ihren Lieblingsdingen gebührt ein Ehrenplatz in ihrer Wohnung. Schließlich sind Sie Ausdruck Ihrer Persönlichkeit. Denn nichts verrät mehr über sie, als die Dinge, an denen Ihr Herz hängt. Repräsentatives sollten Sie in den Eingangsbereich und ins Wohnzimmer stellen. Überlegen Sie, wo Besucher in Ihrer Wohnung Zutritt haben und was Sie dort präsentieren möchten! Auf diese Weise geben Sie Ihrem Besuch interessante Gesprächsthemen und helfen Ihm die ersten „Anlaufschwierigkeiten“ elegant zu meistern.

Neuerwerbungen gehören gefeiert!

Wenn Sie sich eine Neuerwerbung geleistet haben, sollten Sie sofort einen Platz dafür suchen. Etwas Schönes gefunden zu haben, macht Freude, und die muß man auskosten. Warten Sie nicht, bis Sie den endgültigen Standort für die Neuanschaffung gefunden haben und andere Dinge entsprechend umgruppieren. Stellen Sie Ihren Fund stattdessen auf den erstbesten Platz, der Ihnen ins Augen fällt. Schmücken Sie das neue Stück, wenn Ihnen eine passende Idee kommt. Es soll ruhig jeder sehen. Provozieren Sie Fragen Ihrer Besucher! Teilen Sie Ihre Freude mit Ihren Freunden! Mit der Zeit können Sie dann der Neuerwerbung einen bescheideneren Platz geben, in den sie sich harmonischer einfügt.

Sammlungen sind zum Bewundern da!

Viele Menschen sammeln mit großer Leidenschaft, verstecken ihre Kostbarkeiten aber in Schränken. Präsentieren Sie Ihre Sammlung, auch wenn es sich nicht um besonders wertvolle Gegenstände handelt. Die Unterschiedlichkeit der zusammengetragenen Dinge macht sie interessant. Der repräsentativste Platz für eine Sammlung ist das Wohnzimmer. Stellen Sie dort Ihre schönsten Gegenstände auf. Es müssen nicht alle an einer Stelle Platz finden. Unter Umständen sind mehrere kleine Gruppen reizvoller. Beziehen Sie bei der Präsentation auch die Umgebung mit ein! Vielleicht wirkt Ihre Sammlung zwischen Grünpflanzen besonders schön.

Überfrachten Sie Ihr Wohnzimmer aber nicht! Wenn Dinge im Weg stehen, die die Raumwirkung stören sowie Gemütlichkeit und Atmosphäre Schaden nehmen, ist das zuviel.

Ein idealer Raum für Sammlungen kann auch der Flur sein. Oft steht dort viel freie Wandfläche zur Verfügung, wo Sie passende Regale anbringen können. Nutzen Sie die ganze Raumlänge und lassen Sie sich gegebenenfalls geeignete Ablagen anfertigen. Allerdings sollte sich alles auf Sichthöhe befinden. Nötigen Sie Ihre Besucher nicht, in die Knie zu gehen oder sich zur Decke zu strecken um die Stücke zu sehen. Achten Sie auch darauf, daß Ihre Gäste sich nicht wie im Museum fühlen, wenn Sie die Wohnung betreten. Die Sammlung darf den Raum nicht eng machen und den Blick auf das wesentliche, wie Garderobe und Taschenablage, verstellen.

Auch in Ihrem Schlafzimmer können Sie Lieblingsgegenstände unterbringen. Passen Sie aber auf, daß der Ruhecharakter des Raumes nicht zerstört wird. Außerdem sollten Sie damit rechnen, daß Ihre Besucher auch diesen Teil der Sammlung sehen möchten.

Wenn Sie keine geeigneten Plätze mehr finden oder Ihre Wohnung an den gesammelten Gegenständen zu ersticken droht, dann sollten Sie wirklich einen Teil in Schränke oder Kisten verbannen. Sie können diese ja immer wieder mal austauschen.

Tip

Kein Raum ist tabu!

Wenn genügend Platz ist, können Sie Ihre Sammlung sogar in Küche oder Bad ausstellen. In der Küche müssen Sie allerdings aufpassen, daß nichts bei der Arbeit im Weg steht oder durch Kochdämpfe Schaden nimmt. Im Bad müssen Sie die Sachen vor Feuchtigkeit schützen. Aber warum sollte dort nicht ein verglaster Setzkasten mit alten Spielzeugautos an der Wand hängen? Was spricht gegen Muscheln und Versteinerungen auf einem Küchenbord?

Ein Platz für Antiquitäten

Kostbare Besitztümer sind manchmal nicht nur Freude, sondern auch Last. Wer will schon seinen eigenen Stil opfern, damit ein Satz ererbter Chippendale-Stühle oder eine Biedermeier-Kommode einen würdigen Rahmen finden? Manchmal hilft ein bewußter Kontrast. Ein schönes Stück sticht in moderner Umgebung oft mehr ins Auge.

Wenn Sie Antiquitäten in Ihr modern eingerichtetes Wohnzimmer stellen wollen, verlangt dies ein wenig Fingerspitzengefühl.

Statt sich harmonisch einzufügen und dabei vielleicht sogar unterzugehen, wird es so zum Ausstellungsobjekt, das Aufmerksamkeit auf sich zieht. Wenn Sie moderne und antike Möbel kombinieren wollen, dann gilt auch hier wieder die Regel: Trotz aller Gegensätze sollte es Gemeinsamkeiten geben.

Grundsätzlich müssen Sie sich überlegen, ob Sie antike Stücke benutzen wollen – auch auf die Gefahr hin, daß sie Schaden nehmen – oder ihren Wert lieber bewahren. Wenn Sie sich für Benutzen entschieden haben, dann steht es Ihnen auch frei, das Stück so zu verändern, daß es sich harmonisch in Ihre Wohnung einfügt. Haben Sie keine falsche Scheu vor Traditionen! Das Möbel gehört Ihnen und soll Ihnen gefallen! Wer sagt, daß ein schön geschwungener Stuhl mit weißem Gestell und fröhlichen Polstern weniger attraktiv ist als in dunkelbraun und purpurrot? Vielleicht kommt die Form im neuen Gewand sogar besser zur Geltung und wird so zum Blickfang.

Ein leidenschaftlicher Sammler von Antiquitäten dagegen wird sich für seine Kostbarkeiten einen stilechten Rahmen wünschen. Doch für andere kann dieses Stück beengend wirken. Bedenken Sie, daß Ihren

Eine antike Chaiselongue kann, schön präsentiert, auch in einer modernen Wohnung Platz finden. Gerade der Mix verschiedener Epochen und Stilrichtungen übt einen besonderen Reiz aus.

Gästen, Ihrem Partner oder gar Kindern die Möbel vielleicht weniger bedeuten. Ihnen fällt es möglicherweise leicht, diese wertvollen Dinge zu benutzen. Jemanden, der einen persönlichen Bezug zu den Gegenständen hat, kostet das große Mühe.

Am einfachsten ist es, wenn Sie ein eigenes Zimmer für die Antiquitäten haben, das mehr Museum denn Wohnraum ist. Auch das ruhigere Schlafzimmer oder ein eigenes Büro können ein geeigneter Ort für wertvolle Möbel sein als das Wohnzimmer, in dem sich die Familie aufhält. Selbst wenn Sie alleine wohnen, sollten Sie darauf achten, daß sich Ihre Gäste ungezwungen bewegen können. Rücken Sie also die kostbarsten Stücke in die Ecke und bieten Sie zum Gebrauch die weniger wertvollen an.

Was Sie beim „Restaurieren“ von alten Möbeln beachten sollten!

Manchmal müssen Sie vielleicht nur genauer hinschauen, um die Vorzüge eines ererbten Möbelstücks zu erkennen. Wird zum Beispiel der eher schlichte Sekretär Ihrer Großmutter in neuem Glanz prunken, sobald er „generalüberholt“ ist? Scheuen Sie sich nicht, die einschlägige Literatur über Stilgeschichte von Möbeln zu konsultieren, ehe Sie über die Zukunft eines Erbstücks entscheiden. Oft steckt auch in einem auf den ersten Blick unscheinbaren Möbel mehr.

Falls das zutrifft: Bei wirklich wertvollen Stücken sollten Sie sowohl einfache Reparaturen als auch die fachgerechte Restaurierung ausschließlich Fachleuten überlassen; zu groß ist die Gefahr, daß Sie mit laienhaften Ausbesserungen den Wert des Stückes mindern. Auch bei Reparaturen sollten Sie sich ausreichend informieren, bevor Sie selbst ans Werk gehen.

Handelt es sich dagegen um kleine Macken oder gar nur um verstaubte oder angetrocknete Oberflächen, dürfen Sie sich an Holzmöbel ruhig einmal mit einem weichen Lappen und etwas Möbelpolitur herantrauen. Oft verändert so eine Rundumpflege schon das ganze Erscheinungsbild.

Bei Möbelstücken, die in einem Stilmix gearbeitet sind oder einfach nur Nachbildungen darstellen, können Sie nach Belieben zu radikaleren Veränderungen greifen. Eine neue Lackierung in der Farbe Ihrer Wahl und das Auswechseln der Beschläge wirken Wunder! Im Fachhandel finden Sie eine Fülle von Anregungen, wie Sie mit Materialien und Formen spielen können. Schlichte Kommoden z.B. können Sie sorgfältig ablaugen, abschleifen und mit aufgeleimten, gedrechselten Holzbesätzen, zu „Antiquitäten“ aufpeppen. Stilgerecht lasiert, wirkt so auch ein Alltagsstück edel.

Mit schlichten, modernen Beschlägen und kräftigen Farben dagegen können Sie dasselbe Stück auch einer eher modernen Wohnungseinrichtung anpassen. Wie ein Designerobjekt wirkt Ihr Möbel, wenn Sie bei der Oberfläche mit einer Wischtechnik oder auch mit kraftvollen Mustern arbeiten. Ihrer Phantasie sind keine Grenzen gesetzt!

Leben mit Blumen

Wohltuende Wohnungsgenossen

Blumen und Pflanzen sind mehr als Dekorationsgegenstände. Sie sind Lebewesen, mit denen wir unsere Wohnung teilen. Sie haben eigene Bedürfnisse, die wir mit unseren in Einklang bringen müssen. Wenn man geeignete Pflanzen auswählt, können beide Seiten profitieren. Die meisten Pflanzen verbessern die Raumluft. Ein Leben mit Pflanzen ist für den Menschen nicht nur attraktiv, sondern auch gesund.

Bessere Luft durch Pflanzen

Pflanzen leben und atmen wie wir. Um sich zu ernähren, verwandeln sie Licht und Kohlendioxid in Zucker. Als Abfallprodukte scheiden sie Sauerstoff und Wasserdampf aus. Menschen dagegen verbrauchen Sauerstoff und atmen Kohlendioxid aus. Den Effekt kennen wir: Wenn sich viele Menschen über längere Zeit in einem Raum aufhalten, wird die Luft stickig. Wir fühlen uns müde und unkonzentriert. Das liegt an der Zunahme des Kohlendioxids. Sein natürlicher Anteil in der Luft beträgt nur 0,03 bis 0,04 Prozent und kann schnell um 20 oder 30 Prozent steigen. In Räumen mit vielen Pflanzen bleibt die Luft länger frisch, weil diese einen Großteil des entstehenden Kohlendioxids wieder in Sauerstoff umwandeln. Bei Dunkelheit benötigen allerdings auch die Pflanzen, wenn auch nur in geringen Mengen, Sauerstoff zum Atmen. Trotzdem sollten Sie in kleinen Schlafzimmern nicht allzuviele Pflanzen haben.

Feuchte Luft beugt Krankheiten vor

Kontrollieren Sie die Luftfeuchtigkeit mit einem Hygrometer.

In den meisten Räumen ist die Luft zu trocken. Der Feuchtigkeitsanteil beträgt oft nur 20 Prozent. 40 bis 60 Prozent wären dagegen empfehlenswert. Vor allem Klimaanlagen und Zentralheizungen trocknen die Luft aus und wirbeln Staub, Keime und Schadstoffe auf. Bei einer höheren Luftfeuchtigkeit würden diese mit Wasserdampf gebunden zu Boden sinken. Gereizte Atemwege und Krankheiten sind die Folge. Außerdem fühlt sich trockene Luft kälter an und erweckt den Eindruck einer niedrigen Raumtemperatur. Auch die elektrostatische Aufladung von Teppichböden wird durch fehlende Feuchtigkeit verursacht. Pflanzen können hier Abhilfe schaffen, da Sie Wasserdampf an die Luft abgeben. Pflanzen mit besonders hoher Verdunstung sind Banane, Glanzkölbchen, Nestfarn, Papyrus, Hibiscus, Schraubenbaum, Schwertfarn, Strahlenaralie, Zimmeraralie und Zimmerlinde, aber auch alle anderen tropischen Gewächse mit dicken, fleischigen Blättern. Elektrische Luftbefeuchter sind dagegen weniger empfehlenswert, da sich in ihnen gesundheitsschädliche Keime bilden können.

Pflanzen reduzieren Schadstoffe

Viele Zimmerpflanzen werden heute mit dem Hinweis verkauft, daß sie laut NASA-Studien die Luft von Schadstoffen reinigen können. Die echte Aloe beispielsweise soll bis zu 90 Prozent Formaldehyd abbauen. Leider lassen sich diese Laborergebnisse nicht auf Wohnräume übertragen. Die Pflanzen wurden unter künstlichen Bedingungen sehr hohen Schadstoffkonzentrationen ausgesetzt. Um in einem Wohnraum die gleichen Effekte zu erzielen, bräuchte man auf 20 Quadratmeter etwa 150 Pflanzen. Aber immerhin bauen sie einige der gefährlichsten Raumgifte ab: Formaldehyd (in Spanplatten und Isolierschäumen), Benzol (in Kunstfasern, Tinten und Tabakrauch), Trichlorethylen/TCE (in Lacken und Klebern) und Nikotin.

Wie der Schadstoffabbau im einzelnen vor sich geht, ist noch unzureichend erforscht. Einige Pflanzen wie die Grünlilie können Formaldehyd tatsächlich in ungiftige Bestandteile umwandeln. Andere lagern die Schadstoffe in ihren Blättern ein. Die Efeutute kann beispielsweise so hohe Nikotinmengen aufnehmen, daß die Konzentration in ihr höher ist als in einer Tabakspflanze. Bei anderen Pflanzen werden Mikroorganismen tätig, die im Wurzelbereich leben.

Optimale Schadstoffverwerter sind Aloe, Bergpalme, Birkenfeige, Bogenhanf, Chrysantheme, Drachenbaum, Efeu, Efeutute, Einblatt, Gerbera, Goldfruchtpalme, Grünlilie, Kolbenfaden und Philodendron.

Pflanzen für Auge, Nase und Gaumen

Pflanzen sind ein vielfältiger Genuß für unsere Sinne. Sie erfreuen durch ihr schönes Aussehen, ihren köstlichen Duft und ihren aromatischen Geschmack. Sorgen Sie also dafür, daß in Ihrer Wohnung Auge, Nase und Gaumen auf ihre Kosten kommen. Eine Pflanze allein kann meist nicht alle drei Sinne ansprechen. Wunderbare Blüten können fast ohne Duft sein, würzige Kräuter unscheinbar. Kombinieren Sie deshalb die unterschiedlichen Pflanzen zu einem bunten Arrangement. Der duftende Lavendel macht sich wunderbar neben der Topfrose auf dem sonnigen Fensterbrett.

Wenn Sie die richtige Auswahl an „Duft-Pflanzen" für sich gefunden haben, können Sie die Blüten und Kräuter noch auf eine weitere Art und Weise zur Verbesserung des Raumklimas einsetzen. Mit getrockneten Blättern und Blüten lassen sich hervorragend Duft-Potpuris mit einer individuellen Mischung zusammenstellen und dem Raum mit Hilfe von ätherischen Ölen eine ganz bestimmte und besondere Stimmung geben.

Wenn Sie frische Kräuter in Ihrer Küche verwenden, sollten Sie die Pflanzen zu auffälligen Arrangements gruppieren. So sprechen die Kräuter durch ihr Aussehen und ihren Geruch zuerst Augen und Nase an, bevor sie im Essen verarbeitet den Gaumen erfreuen.

Bunte Blüten und faszinierende Formen

Reicher Blütensegen		Achimenes, Alpenveilchen, Begonie, Bougainvillea, Browallie, Chrysantheme, Cinerarie, Gerbera, Glockenblume, Gloxinie, Fleißiges Lieschen, Hibiscus, Hortensie, Hyazinthe, Ixore, Kamelie, Pelargonie, Primel, Ranunkel, Rhododendron, Ritterstern, Spaltblume und Weihnachtsstern
Außergewöhnliche Blüten		Amaryllis, Einblatt, Flamingoblume, Glanzkölbchen, Goethea, Guzmanie, Helikonie, Kugelamaranth, Lanzenrosette, Pantoffelblume, Passionsblume, Pavonie, Ruhmeskrone, Strelitza, Zimmerhopfen, Zimmerkalla und Zylinderputzer
Faszinierende Orchideen	Die meisten Arten sind allerdings anspruchsvoll und brauchen ein Blumenfenster, in dem ein wärmeres, feuchteres Klima herrscht. Allerdings gibt es auch weniger anspruchsvolle Sorten, die sich auch von Anfängern bei normaler Zimmertemperatur halten lassen	Coelogyne, Cymbidie, Phalaenopsis, Tibet-Orchidee
Appetitliche Früchte		Indische Erdbeere, Orangenbäumchen, Korallenbäumchen, Korallenmoos, Zierpaprika
Bunte Blattpflanzen	Blattpflanzen sind nicht immer nur grün. So haben beispielsweise Buntwurz-Hybriden weiße oder rote Blätter mit einem zarten grünen Muster	Wunderstrauch, Buntnessel, Gynure, Punktblume, Iresine, Aucube, Fittonie, Marante, Pfeffergesicht, Kanonierblume, Perilepta
Exotisches Flair	Für ein wenig Exotik in Ihrer Wohnung sorgen Palmen.	Romanzoffianische Kokospalme, Herrscherpalme, Goldfruchtpalme, Dattelpalme Elefantenfuß, Palmfarn, Drachenlilie, Yucca-Palme
Bonsais	Bonsaipflanzen gleichen trotz ihrer geringen Größe einem alten, von Wind und Wetter gezeichneten Baumriesen. Jeder scheint einen eigenen Charakter und eine Geschichte zu haben.	Balsamapfel, Fiederaralie, Pachira, Australischer Flaschenbaum

Holen Sie sich durch frische Gartenblumen die verschiedenen Jahreszeiten in die Wohnung. Kombinieren Sie unterschiedliche Farben und Sorten zu einem harmonischen Arrangement und erfreuen Sie sich an diesem Anblick und dem anhaltenden Geruch.

Wählen Sie Ihren Lieblingsgeruch!

Plazieren Sie Pflanzen mit einem besonders schönen Duft so, daß sie oft an ihnen vorübergehen. Die Luftbewegung intensiviert das Aroma. Achten Sie aber darauf, daß Pflanzen nicht nebeneinanderstehen, wenn deren Duftnoten nicht harmonieren.

Alpenveilchen werden oft nach dem ersten Abblühen weggeschmissen. Doch bei richtiger Pflege treiben sie jahrelang immer wieder duftende Blüten.
Duftpelargonien waren die Modeblumen der Biedermeierzeit. Zwar blühen sie nicht so üppig wie Blütenpelargonien, dafür verströmen sie einen intensiven Duft, der je nach Sorte an Rosen, Zitronen, Zimt, Muskat oder Apfel erinnert.
Fliederprimeln oder auch Brautprimeln blühen weniger leuchtend, duften aber intensiver als die bekanntere Kissenprimel.
Gardenien mit ihren zarten, weißen Blüten machten in der zweiten Hälfte des vorigen Jahrhunderts als „Knopflochblume" der vornehmen Welt teuren Parfums Konkurrenz. Einigen ist ihr Duft beinahe zu intensiv.
Götterduft heißt ein niedriges, myrtenähnliches Gewächs, dessen kleine, sternförmige Blüten einen würzigen Geruch aussenden.
Hoyas füllen gegen Abend ein ganzes Zimmer mit ihrem schweren, süßen Aroma. Wie mit einer feinen Wachsschicht überzogen wirken Blätter und Blüten der Hoya carnosa. Will man dagegen den feinen Geruch der Hoya Lanceolota wahrnehmen, muß man die Nase tief in die Blüten stecken.
Hyazinthen und Narzissen lassen sich in nassem Sand oder Hyazinthengläsern zur zeitigen Blüte treiben. Sie füllen dann den ganzen Raum mit Frühjahrsduft.

Orangenrauten, auch Rosenjasmin genannt, duften nach Orangen. Aus den kleinen, weißen Blüten entwickeln sich später rote Beeren.

Rhododendren zeichnen sich im Winter durch eine üppige Blütenpracht und einen attraktiven Duft aus.

Einblätter mit ihren eigenartig geformten weißen Blütenständen, verströmen zeitweise einen zarten, köstlichen Geruch.

Zimmerjasmine verfügen nicht nur über einen besonders süßen und exotischen Duft, sondern sind außerdem noch eine dekorative Kletterpflanze.

Zitrusgewächse tragen meist das ganze Jahr über bittersüß duftende Blüten und reifende Früchte. Allerdings brauchen sie im Winter einen relativ kühlen Standort und sollten im Sommer im Freien stehen.

Mehr Wirkung durch richtige Präsentation

Bei der Auswahl der Zimmerpflanzen sollten Sie sich nicht von den besonders farbenfrohen Blüten oder dem betörenden Duft verführen lassen. Überlegen Sie, welche Funktion die Pflanzen übernehmen sollen. Möchten Sie in Ihrer Wohnung von üppigem Grün umgeben sein oder lediglich einzelne Blickfänge setzen? Eine besondere Pflanze kann einen stärkeren Eindruck hinterlassen als zwanzig unscheinbare. Allerdings sind große, schön gewachsene Exemplare auch entsprechend teuer.

Phantasievolle Stellagen

Oft bietet es sich an, die Pflanzen auf die Fensterbank zu stellen. Schönere Effekte erzielen Sie aber durch phantasievolle Arrangements. Der richtige Standort gehört genauso zu einer gelungenen Kombination wie die Auswahl der einzelnen Blumen. Grundsätzlich sollten Sie nie mehrere Pflanzen mit gleicher Wuchshöhe nebeneinander stellen. Das wirkt langweilig. Plazieren Sie die Schönste auf ein kleines Podest. Ein Stück Holz, mit einem Tuch überdeckt, reicht. Wenn Sie verschieden hohe Pflanzen haben, arrangieren Sie sie so, daß

Zimmerbäume 	Zimmerbäume sind ein sehr dekorativer Blickfang in Ihrer Wohnung . Durch entsprechenden Schnitt und Pflege können Sie auch jede andere starkwüchsige Blütenpflanze zu einem prächtigen Baum heranziehen.	Palmenarten, Birkenfeige, Orangenbäumchen, Zimmerlinde und -tanne, Drachenbaum, Brotnuß, Zyperngras, Drachenlilie, Brautmyrte, Zimmeresche, Schefflera, Schönmalve, Fleißiges Lieschen, Gardenie, Hibiscus, Rhododendron, Orangenraute, Eisenholzbaum
Kletterpflanzen 	Mit Kletterpflanzen können sie kahle Ecken begrünen, Leitungsrohre verdecken, Durchgänge einfassen, Wände gestalten und sogar Raumteiler entstehen lassen Mit dem richtigen Gerüst klettern auch Blütenpflanzen. Durch die Form des Gerüstes oder der Kletterdrähte können sie Ihre Pflanzen in jede gewünschte Richtung lenken.	Efeu, Klimme, Jungfernrebe, Passionsblume, Bougainvillea, Diplandenie, Indische Erdbeere, Jasmin, Ruhmeskrone, Wachsblume, Kranzschlinge

Gegenüber: Sie können sich die Natur ebenso durch Blumenmuster auf Vorhängen oder Stuhlbezügen in die Wohnung holen und mit echten Pflanzen kombinieren.

Blumenampeln 	Blumenampeln wirken üppig und verschwenderisch. Je dichter und länger die Pflanzenranken aus den Körben quellen, desto besser. Am schönsten ist eine Kombination von verschiedenfarbigen Sorten in einem Gefäß.	Nesselschön (rote „Kätzchen" als Blütenstände), Zimmerhafer (lange, hängende Blüten mit herausragenden Staubgefässen), Kolumnee (reichblühende Ranken), Hornklee (fiedrige Blätter mit scharlachroten Blüten), Kallisie (üppiges, kleinblättriges Grün), Leuchterblume (girlandenartiges Grün), Codonanthe (zierliche, lange Triebe mit kleinen Blüten), Mikania (samtrote Blätter), Efeu
Zauber des Mittelmeeres 	Besonderes Flair geben Sie einem Raum, wenn Sie dort Pflanzen aus den gleichen Herkunftsländern kombinieren.	Bougainvillea, Orangenbäumchen, Oleander
Kontraste 	Setzen Sie auf geschickte Kombinationen. Blütenpflanzen wirken stärker, wenn sie nicht zwischen anderen Blumen untergehen, sondern aus einem grünen Ambiente herausleuchten.	Efeu

zwischen den Nachbarn immer Unterschiede herrschen, allerdings keine allzu großen. Das gilt auch für Farbe und Charakter.

Kombinieren Sie Grün- und Blütenpflanzen und schaffen Sie so einen attraktiven Blickfang in Ihrer Wohnung, der Sie über das ganze Jahr erfreuen wird.

Setzen Sie farbliche Akzente in einer Reihe von Grünpflanzen. Diesen Effekt erzielen Sie beispielsweise durch bunte Töpfe. Grundsätzlich sollten Blumenständer eher zierlich sein. Hierfür eignet sich besonders Schmiedeeisen oder schlichtes Holz. Zuviel Zierat würde von den Pflanzen ablenken. Achten Sie auf weiche, runde Formen. Aber auch gerade, glatte Metallbeine bilden einen interessanten und spannenden Gegensatz zur Lebendigkeit der Pflanzen und Blühen.

Sehr schön sind alle abgestuften Stellagen, weil sie die einzelnen Pflanzen auf besondere Weise präsentieren. Spaliere, an denen auf unterschiedlichen Ebenen Ampeln und Blumentöpfe angebracht sind, bringen Gartencharakter in den Wohnraum. Sie können dazu eine Holzleiter an die Wand lehnen und mit Blumen behängen. Auch ein Teil von einem schönen, alten Gartenzaun aus Holz oder Schmiedeeisen wirkt dekorativ.

Accessoires sind das i-Tüpfelchen

Vergessen Sie bei den Pflanzenarrangements das schmückende Beiwerk nicht! Gerade wenn Sie mehrere Stauden in eine

Schale gepflanzt haben, geben die richtigen Accessoires oft den letzten Pfiff. Sie können dazu schöne Steine verwenden, Schneckengehäuse, Muscheln, kleine Figuren, Ketten, Glaskugeln, Fähnchen oder Kerzen. Auch nostalgische Geräte wirken meist gut. Stellen Sie doch zwei Blumentöpfe auf die Teller einer alten Krämerwaage! Oder gruppieren Sie üppiges Grün um ein Spinnrad! Ihre Pflanzen können auch selber den Rahmen für einen schönen Gegenstand bilden, etwa für einen Kerzenleuchter, ein Wasserspiel, eine kostbare Vase oder auch eine Skulptur.

Pflanzen hinter Glas

Manche Pflanzen wie Orchideen können nicht bei normalen Wohnraumtemperaturen gedeihen. Sie werden deshalb in sogenannten Blumenfenstern gehalten. Eine tiefe Pflanzwanne vor dem Fenster und eine zweite Glasscheibe zum Zimmer hin, schaffen einen Raum mit eigenem Klima. Ein gut gepflegtes, geschickt gestaltetes Blumenfenster vermittelt ein einzigartiges Flair. Es macht allerdings auch sehr viel Arbeit. Die einfachere Alternative ist ein geschlossener Glasbehälter. Er kann mitten im Raum stehen und wird so von allen Seiten zum Blickfang. Achten Sie dann aber darauf, daß es den Pflanzen nicht zu dunkel ist.

Eine sehr einfache, aber dennoch höchst dekorative Art, Pflanzen hinter Glas zu halten, sind sogenannte Flaschengärten. Eine schöne Glasvase wird mit einer dünnen Erd- oder Substratschicht gefüllt. Dann pflanzt man mehrere kleine Stauden hinein und dekoriert das Ganze nach Belieben mit Steinen, Rindenstücken oder anderen Accessoires. Auch die Flaschengärten sind besonders für feuchtigkeitsliebende Pflanzen geeignet, weil das verdunstende Wasser an der Glaswand kondensiert und wieder zurückläuft. Fleischfressende Pflanzen wie die Venusfliegenfalle oder der Sonnentau kommen darin sehr gut zur Geltung, aber auch bizarre Schlauchpflanzen wie Kobrafalle oder Sarracenia purpurea. Daneben machen sich kleine Efeupflanzen, Bromelien, Farne, Be-

Ihre Küchenkräuter müssen nicht auf der Fensterbank aufgereiht werden. Beziehen Sie sie in Ihre Arrangements mit ein

gonien, Bogenhanf, Ficus, Asparagus, Fittonia oder Bubiköpfchen gut. Wichtig ist, daß das Mini-Gärtchen gut gepflegt wird. Abgestorbene Triebe, braune Blätter und Schmutz fallen bei einem so liebevollem Arrangement stärker ins Auge als bei großen Pflanzen.

Schöne Blumenarrangements für die Wohnung

Die meisten Zimmerpflanzen stammen aus den Tropen oder aus südlichen Breiten. Ihnen kommt das ganzjährig gleichmäßige Klima in unseren Wohnungen sehr entgegen. So reizvoll sie aber auch sind: Unsere vertraute, heimische Natur spiegeln sie nicht wieder. Wenn Sie die Schönheiten aus dem Garten in Ihren eigenen vier Wänden genießen und die Jahreszeiten bewußt miterleben wollen, dann müssen Sie zwangsläufig zu Schnittblumen greifen, auch wenn ihre Pracht nur von kurzer Dauer ist. Nehmen Sie die Mühe trotzdem auf sich! Den Frühjahrsgruß, den eine erste Osterglocke spendet, oder den herbstlichen Charme der letzten Astern kann keine Orchidee ersetzen.

Holen Sie sich mit einem bunten Blumenstrauß auch im Winter die Natur ins Haus!

Nach alter Tradition werden am 4. Dezember, dem St. Barbara-Tag, Zweige geschnitten und ins Zimmer gestellt. Sie blühen dann um Weihnachten. Gut geeignet für diesen Brauch sind Forsythie oder Blutjohannisbeere. Sie können aber auch die Zweige ihres Obstbaumes nach dem Beschneiden in eine große Bodenvase stellen und sich an der verfrühten Apfel- oder Kirschblüte freuen. Aber Vorsicht! Decken Sie den Teppich unter dem Strauß ab, damit er nicht von den abfallenden Blüten verklebt wird.

Frühjahrsblumen wie Narzissen oder Primeln gedeihen auch in einem Topf in der Wohnung. Sind sie abgeblüht, pflanzt man sie ins Freie und freut sich im nächsten Jahr wieder an ihrer Blüte.

Für Blumenarrangements steckt man die Stengel in kleine Schwämme, die gegossen werden. So halten die Kunstwerke länger. Bei geschickter Anordnung lassen sich einzelne abgeblühte Blumen herausziehen und durch frische ersetzen.

Viele heimische Blumen kann man sehr gut trockenen. Am einfachsten ist es, sie in kleinen Bündeln kopfüber an einem dunklen, sehr trockenen und gut durchlüfteten Platz aufzuhängen. Beim Trocknen mit Silikatgranulat behalten die Blumen ihre natürliche Form und Farbe. Sie können damit dauerhafte Gestecke herstellen.

Die Kunst, Blumen zu arrangieren und Sträuße zu binden

Floristik ist eine Kunst, die gelernt sein will. Doch auch ohne mehrjährige Ausbildung können Sie Ihre Wohnung mit zauberhaften Gestecken und Sträußen schmücken. Lassen Sie sich dabei von Ihrer Phantasie leiten! Versuchen Sie nicht, ein floristisches Meisterwerk aus dem Blumenladen nachzuahmen. Überlegen Sie stattdessen, was Sie wollen. Soll eine besonders schöne Blüte im angemessenen Rahmen zur Geltung kommen? Wollen Sie etwas Farbe in das Wintergrau bringen? Soll der Strauß den Tisch für ein Festessen schmücken?

Wenn Sie wissen, was Sie wollen, können Sie sich Gedanken über die Umsetzung machen. Beginnen Sie lieber mit etwas Einfachem. Schlichte Schönheit ist allemal besser als eine mißlungene Luxuskreation. Sie werden sehen, daß Ihr Geschick und Ihre Phantasie mit jedem Versuch wachsen.

Achten Sie darauf, daß Sie genügend kontrastreiches, aber harmonisches Material haben. Verschiedene Längen, Buschiges und

Schlankes, Zartes und Derbes, zueinander passende Farben, Blüten, Blätter, Gräser und Hölzer. Auch Kräuter und Früchte gehören in die Auswahl. Dilldolden, Lavendelrispen oder Johannisbeerträubel sehen nicht nur dekorativ aus, sondern geben dem Arrangement Duft und Sinnlichkeit. Hölzer, Steine, Muscheln, Schleifen oder kleine Figuren können das Kunstwerk beleben. Beginnen Sie das Gesteck oder den Strauß mit den herausragenden, langstieligen Elementen. Dann ordnen Sie nach und nach die kürzeren dazwischen, bis alle „Löcher" gefüllt sind, sich ein harmonisches Gesamtbild ergibt.

Außergewöhnlich geformte Blüten wirken schöner, wenn Sie nur von Zweigen oder Grün umrahmt sind. Weiche Zweige wie Efeu lassen sich in jede beliebige Form biegen, wenn sie mit feinem Draht umwickelt sind.

Auch das richtige Gefäß ist wichtig. Wählen Sie, was Ihnen gefällt, und richten Sie es dann zweckmäßig her. Wenn Sie Rosen in einem Weidenkorb arrangieren wollen, dann läßt sich problemlos eine Schale mit feuchtem Steckmaterial hinein stellen.

Nutzen Sie die Farbenpracht der verschiedenen Pflanzenblüten. Binden Sie diese zu hübschen Arrangements und dekorieren Sie so Ihren Eßtisch.

Tip

Phantasievolle Dekorationen

Tischdekorationen:

- Stellen Sie als Tischdekoration bei einer großen Einladung kleine Duftsträußchen auf. Binden Sie Blüten und Kräuter, die zum Essen passen, zusammen. Dann umwickeln Sie die Enden mit einem nassen Taschentuch und Plastikfolie. Fixieren Sie das Ganze mit einem Gummi. Schlagen Sie das Ende dann in ein hübsches Stück Stoff, z.B. ein Taschentuch, ein und binden eine Schleife darum. Fertig ist ein kleines Geschenk für jeden Gast!
- Liegende Girlanden fertigen Sie am besten, indem Sie ein langes, schmales Stück Kupfermaschendraht locker zusammenrollen. Formen Sie dann aus der Rolle die gewünschte Figur und bestecken Sie sie dicht mit Blumen und Blättern.
- Schneiden Sie sich aus einer dekorativen Folie oder einem Karton die Form der gewünschten Tischdekoration und belegen Sie sie möglichst dicht mit Früchten. Im Herbst bieten sich dazu beispielsweise Kumquats, blaue Trauben und verschiedene Nüssen an.

Blütendekorationen:

- Schneiden Sie einen Kürbis auf, entfernen Sie das Kerngehäuse und arrangieren Sie darin einen Strauß kunterbunter Blumen.
- Gießen Sie alte Blumentöpfe aus Ton mit Kerzenwachs aus und arrangieren Sie rund um den Topf einen Kranz aus Blüten und Grün. Ähnlich können Sie auch eine wassergefüllte Schale mit einer schwimmenden Kerze gestalten.
- Zieren Sie im Herbst Ihren Spiegel mit einer Girlande aus Hagebuttenzweigen, buntbelaubten Ranken und letzten Rosen.
- Beerenfrüchte an kahlen Ästen ergeben zusammen mit immergrünen Zweigen sehr dekorative Sträuße. Kombinieren Sie die samtig-blaue Schlehe mit leuchtenden Lampionfrüchten!

Architektur englischer Gärten
WELTKRISE ARABIEN
Fritz Dressler · Maria Eysel
Bornholm
USA
Kleine Geschichte großer Nationen
Frankreich
FOTOGRAFIERT VON CHRISTIAN HEEB
VON ALFRED PLETSCH
LÄNDER DER WELT

Die neue Lust am Wohnen

Praktische Wohnideen

Die Grundsubstanz einer Wohnung zu verändern, kostet erst einmal Zeit und Mühe. Doch anschließend können Sie mit kleineren Veränderungen und Tricks schöne Effekte erzielen! Lassen Sie Ihre Phantasie spielen, denn unsere Sinne sind anspruchsvoll. Rennen Sie aber nicht jeder Mode hinterher, sondern lassen Sie sich von Ihren eigenen Wünschen und Ideen leiten. Genießen Sie Ihre schöne Wohnung, nutzen Sie aber auch die Möglichkeit zur Veränderung!

Lassen Sie bei der Einrichtung der Wohnung Ihrer Phantasie freien Lauf, und mit ein wenig Übung können Sie auch in dem kleinsten Appartement unterschiedliche Bereiche gestalten, die völlig verschiedene Funktionen erfüllen.

Schöne Kleinigkeiten für das Auge

Das Angebot schöner Dinge ist riesengroß. Lassen Sie sich aber nicht zu Spontankäufen verleiten. Denn nichts ist ärgerlicher als Dinge, an denen man sich sattgesehen hat und die dann nutzlos herumstehen. Erfreuen Sie sich also an Dingen, die im Grunde nicht zu Ihnen passen, nur im Laden und kaufen Sie, was tatsächlich eine Bereicherung ist.

Für Spontankäufe eignen sich in erster Linie Verbrauchsgüter wie schöne Kerzen, Blumen, exotisches Obst oder kulinarische Köstlichkeiten. Dinge, die auf Dauer angelegt sind, können dagegen zur Belastung werden, wenn sie nicht zu Ihrem Stil passen.

Machen Sie Feste sichtbar!

Die Vorbereitung auf ein Fest macht oft viel Mühe und ist schnell wieder vorbei. Kosten Sie Ihre Freude länger aus! Lassen Sie nach Ihrem Geburtstag die Glückwunschkarten als Girlande an der Wand hängen. Auch der Geschenketisch kann ruhig ein, zwei Wochen stehen bleiben. Trocknen Sie Blumen, die Ihnen geschenkt worden sind. Pinnen Sie nach dem Urlaub die schönsten Photos an die Wand und schwelgen in der Erinnerung. Hängen Sie eine Auszeichnung, auf die Sie stolz sind, auf. Selbst die Eintrittskarte zu einem Theaterabend kann eine schöne Erinnerung auslösen.

Setzen Sie auf Symbole!

Früher war es in jeder katholischen Familie üblich, in der Stube einen Herrgottswinkel mit einem Kreuz zu haben. Oft gab es auch einen Weihwasserkessel neben der Haustür. Heute ist das kaum noch üblich, auch nicht bei gläubigen Christen. Man kann darin die Abschaffung starrer Konventionen sehen, aber auch eine Verarmung. Überzeugungen sichtbar zu machen, muß kein fanatisches Bekennertum bedeuten. Suchen Sie deshalb nach Symbolen für Ihren Glauben und Ihre Ideale. Nichts, was Ausdruck einer ehrlichen Überzeugung ist, wirkt unpassend.

Auch einfache Dinge des täglichen Lebens können durch Symbole aufgewertet werden. Stellen Sie zum Beispiel jedesmal, wenn Gäste zum Essen kommen, einen schönen Leuchter auf den Tisch. Dieses Ritual zeigt, daß ein gemeinsames Mahl für Sie etwas besonderes ist. Wenn Sie Brot immer auf demselben Teller servieren, heben Sie die Bedeutung dieses Nahrungsmittels hervor. Mit dem Auflegen einer neuen Tischdecke an jedem Freitag Nachmittag oder dem Füllen der Obstschale feiern Sie ganz bewußt den Beginn des Wochenendes.

Versuchen Sie für jeden Wohnraum ein Parfum zu finden, das dem jeweiligen Charakter entspricht. Wenn Sie zu Festen das Zimmer besonders schmücken, können Sie das Arrangement mit diesem Duft krönen.

Schaffen Sie Abwechslung für Ihre Augen!

Unsere Augen sind verwöhnt. Stets wollen Sie etwas Neues geboten bekommen: Bewegung, Bilder, Abwechslung, die nicht unbedingt spektakulär zu sein brauchen. Der Ostdeutsche Rundfunk Brandenburg erzielte vor ein paar Jahren hohe Einschaltquoten, indem er nach Sendeschluß die Kamera auf ein Aquarium richtete. Viele Menschen empfanden das gemächliche Hin und Her ausgesprochen beruhigend, um die Gedanken zu ordnen und den Tag zu reflektieren. Auch in Arztpraxen dienen Aquarien oft dazu, Patienten zu beruhigen und ihnen ihre Anspannung zu nehmen.

Füllen Sie ein schmales Glas mit Kerzensand oder stellen Sie eine Kerze hinein. Setzen Sie es dann in eine große, runde Glasvase voller Wasser. Der Kerzenschein wird darin zauberhaft gespiegelt. Legen Sie noch Kiesel in das Wasser, lassen Sie Blumen darin schwimmen oder geben Sie einige Tropfen Speisefarbe hinein.

Einen ähnlichen Effekt erzielen Sandlaufbilder. In einem Holzrahmen ist zwischen zwei Scheiben bunter Sand gefüllt, es bleibt aber noch etwas Platz für einen kleinen Freiraum mit Flüssigkeit. Kippt man den Rahmen, läuft der Sand langsam nach unten und die verschiedenen Farben formen dabei allmählich neue Muster.

Auch ein Sitzplatz vor dem Fenster, von wo aus man den Wolken oder dem Spiel des Windes in den Baumwipfeln zusehen kann, beruhigt und ordnet die Gedanken.

Mobiles bringen zarte Bewegung in die Wohnung. Gemeinhin gelten sie als Dekoration für Kinderzimmer. Setzen Sie sich über solche Einschränkungen hinweg und basteln Sie sich Ihr eigenes Schmuckstück. Sie können dafür Federn, Kristalle, Perlen oder gefaltete Papierfiguren verwenden.

In Mode sind derzeit Lampen, in deren Kolben bunte, gelartige Massen auf und ab steigen. Schauen Sie sich diese Bewegungen genau an, bevor Sie ein solches Gerät kaufen. Nehmen Sie sich dafür mindestens eine Viertelstunde lang Zeit. Nur dann können Sie entscheiden, ob die elektronisch gesteuerten Effekte nicht doch schnell ihren Reiz verlieren.

Verwöhnprogramm für die Nase

Was ein gutes Essen für den Gaumen ist, sind schöne Gerüche für die Nase. Doch sollten wir uns nicht permanent mit Düften umgeben. Unsere Nase dient zur Orientierung, auch bei der Partnerwahl. Wenn ein Mensch ständig in fremde Düfte gehüllt ist, mögen wir vielleicht nur sein Parfum und merken nicht, daß wir ihn selber in Wirklichkeit „gar nicht riechen können". Auch in einem Raum, der ständig künstlich beduftet wird, geht die Orientierung verloren. Wir merken nicht, wenn auf der Obstschale Früchte faulig werden. Wir nehmen die zarte Frühlingsbrise, die der Wind durchs Fenster weht, nicht mehr wahr. Im Schlafzimmer verliert erotischer Dauerduft entweder seine Wirkung oder setzt den Partner permanent unter Druck. Außerdem überdeckt der künstliche Geruch die körpereigenen Lockstoffe, die unsere Hormone aussenden.

Tip

Auf Qualität achten!

Wenn Sie Ihrer Nase und Gesundheit wirklich etwas Gutes tun wollen, dann sollten Sie nicht zu synthetischen Parfums greifen, sondern nur naturreine ätherische Öle verwenden. Sie können sie nach Ihren eigenen Vorlieben kombinieren und vermeiden überflüssige Zusatzstoffe. Aber nicht alles, was als ätherisches Öl verkauft wird, ist wirklich zu 100 Prozent natürlich. Kaufen Sie deshalb in einem Fachgeschäft Ihres Vertrauens oder informieren Sie sich in Verbrauchermagazinen.

Getrocknete Blumen, mit ätherischen Ölen bestäubt, bieten nicht nur optische Anreize, sondern sorgen auch für langanhaltenden und wohltuenden Geruch. Wenn Ihnen die Blumen nicht mehr gefallen sollten, pflücken Sie einfach neue. So können Sie ohne großen Aufwand nach Lust und Laune variieren.

Die Verwendung von schönen Düften ist wie das Lesen guter Bücher. Erst müssen wir Lust darauf verspüren. Anschließend gilt es, sorgfältig auszuwählen. Wollen wir abschalten oder angeregt werden? Gemeinsam oder alleine genießen? Uns ein halbes Stündchen zerstreuen oder einen ganzen Abend lang die Realität ausblenden und in fremden Eindrücken versinken? Sollen Depressionen vertrieben werden oder die Ausgeglichenheit bestärkt?

So wie wir Bücher in Belletristik und Sachbücher unterteilen, so können wir auch Düfte in schöne und nützliche einordnen. Viele Duftöle können eine heilende Wirkung haben. Sie pflegen die Haut, regen die Verdauung an oder stärken das Immunsystem. Informieren Sie sich, welche Öle Krankheiten und Beschwerden lindern, die in Ihrer Familie häufig sind. Diese Wirkstoffe sollten Sie immer vorrätig haben. Testen Sie auch Kombinationen und notieren Sie sich Rezepte, die sich bewährt haben!

Das Handwerkszeug für den Duftmischer

Der Umgang mit schönen Düften macht auch deshalb soviel Spaß, weil es so einfach ist. Träufeln Sie einfach ein paar Tropfen auf ein Taschentuch und legen Sie es auf die Heizung. In wenigen Minuten wird der Raum von Wohlgeruch erfüllt sein. Stilvoller ist natürlich eine Duftlampe. Sicherlich werden Sie im Laufe der Zeit mehrere schöne Exemplare finden und so in jedem Raum eine aufstellen können. Es gibt kleine aus Keramik, die mit einem Teelicht ausgestattet sind und gut auf einen Tisch oder die Fensterbank passen, aber auch große schmiedeeiserne Bodenständer.

Nehmen Sie ätherische Öle vor dem Kauf kritisch unter die Lupe, denn nicht alle sind auch wirklich naturrein!

Natürlich können Sie Gegenstände auch direkt mit Öl beträufeln. Die Wirkung wird dann aber nicht so stark sein. Um sich optimal entfalten zu können, brauchen Aromen Wärme und Luftbewegungen, wie das beim Verdampfen der Fall ist. Außerdem können Öle Flecken hinterlassen.

Achtung! Träufeln Sie ätherische Öle niemals direkt in offenes Feuer! Sie entzünden sich und führen zu Stichflammen.

- Als Badezusatz werden ätherische Öle mit flüssiger Neutralseife, Sahne oder Honig verrührt.
- Zur Körperpflege mischt man sie mit fetten Pflanzenölen. Besonders gut für die Haut sind Jojoba- oder Mandelöl. Sie können aber auch Weizenkeim- oder Olivenöl aus der Küche nehmen.
- Als Grundlage für Parfums nehmen Sie am Besten ein wenig Jojobaöl (10 ml auf 30 Tropfen Duftöl).
- Zur inneren Anwendung können Sie ätherische Öle ebenso auf Honig, oder Zucker träufeln als auch in Alkohol lösen.
- Zum Inhalieren geben Sie circa fünf Tropfen in zwei bis drei Liter kochendes Wasser oder zehn Tropfen auf ein Taschentuch.

Einen angenehmen Duft können Sie auch ohne ätherische Öle erzeugen. Stellen Sie immer frische Blumen und Obst auf den Tisch. So sprechen Sie nicht nur Ihren Geruchssinn an, sondern schaffen auch optische Reize für das Auge.

Achtung! Wenn Sie ätherische Öle innerlich oder direkt auf der Haut anwenden, sollten Sie sich in Fachbüchern über die richtige Dosierung informieren. Manche Öle wirken in zu großen Mengen reizend. Andere können Allergien auslösen. Allergiker sollten deshalb Ihren Hautarzt fragen, welche Substanzen für sie problematisch sind.

Die richtige Mischung finden

In Fachbüchern finden Sie unzählige Rezepte für Duftmischungen. Sie können aber auch selber experimentieren. Im Prinzip können Sie nichts falsch machen. Wenn Ihnen ein Duft nicht gefällt, haben Sie lediglich ein wenig Öl verschwendet. Professionelle Mischer haben natürlich Erfahrung, welche Öle gut zueinander passen und welche nicht.

Parfums setzen sich aus einer Grund-, einer Herz- und einer Kopfnote zusammen. Die Grundnote hat einen erdigen, schweren Charakter mit einem lange haftenden Duft. Die Herznote bilden blumige und würzige Düfte. Am schnellsten verfliegen die hellen, leichten Öle, die die Kopfnote ausmachen. Die Wirkung des Parfums soll sich wie eine Blüte entfalten.

Die Kompositionen sind eine hohe Kunst. Eine schöne Mischung für die Duftlampe zu finden, ist wesentlich einfacher. Testen Sie Ihre Öle zunächst pur! Probieren Sie dann Mischungen aus, die Sie für interessant halten. Nehmen Sie vom kräftigeren Duft etwas weniger, vom zarten etwas mehr. Bergamotte, Lavendel, Orange, Geranie und Zeder passen zu fast jedem anderen Öl. Wenn Sie schöne Zweiermischungen gefunden haben, können Sie ein weiteres Öl dazugeben. Mit der Zeit bekommen Sie Routine, aber schreiben Sie sich gelungene Rezepte unbedingt auf, um sie nicht wieder zu vergessen!

- Für Wohnräume sind vor allem blumige und fruchtige Öle geeignet, aber auch zarte Holznoten. Sie schaffen eine vitale, harmonische Stimmung.
- In Arbeitszimmern können erfrischende, anregende Öle die Konzentrationsfähigkeit steigern. Dazu gehören Zitrusdüfte oder Kräuter.
- Im Schlafzimmer sind beruhigende, sinnliche Düfte zuhause, je nachdem, ob sie eine erotische Stimmung schaffen oder das Einschlafen fördern wollen.
- Im Bad ist alles möglich. Ob erfrischend, schlaffördernd, erotisch oder heilend.
- In Küche und Eßzimmer sollten ätherische Öle tabu sein. Es sei denn, man verwendet sie zum Aromatisieren von Speisen. Setzen Sie ansonsten ganz auf den Duft frischer Lebensmittel und die verlockenden Dämpfe aus dem Kochtopf. Nur in Ausnahmefällen, z.B. wenn etwas angebrannt ist, dürfen Sie die Luft mit Ölen reinigen.

Duftlampen erfüllen Ihre Wohnräume nicht nur mit angenehmen Gerüchen, sondern sind zudem auch ein hübsches Accessoire. Das reichhaltige Angebot an unterschiedlichen Modellen bietet für jeden Geschmack etwas.

Duftöle und ihre Wirkung

Öl	Charakter	Wirkung
Angelika	Herznote: bitter-aromatisch, erdig, krautig, stimulierend	Regt die Verdauung an, löst Krämpfe, stärkt Immunsystem und Psyche
Anis	Kopfnote: mild, süß, warm, lebendig, entspannend	Löst Krämpfe, regt die Drüsen an, wärmt den Magen, hilft gegen Husten, Blähungen, Migräne und Schwindelanfälle
Basilikum	Kopfnote: süß, frisch, kräftig, stimulierend	Stärkt Magen und Nerven, löst Krämpfe, wirkt gegen Streß, Depressionen, Schlafstörungen, Nierenträgheit und Migräne
Bergamotte	Kopfnote: fruchtig, süß, leicht, anregend, erfrischend, fröhlich	Stärkt den Magen, hebt die Stimmung, pflegt die Haut, senkt Fieber, wirkt gegen Depressionen
Cajeput	Kopfnote: kräftig, harmonisch, klar, frisch, fruchtig	Lindert Schmerzen, löst Krämpfe, senkt Fieber, hemmt Entzündungen
Eukalyptus	Kopfnote: scharf, klar, anregend, erfrischend, stärkend	Fördert die Konzentration, wirkt gegen Grippe, Erkältungskrankheiten und Insekten
Fenchel	Kopf/Herznote: süß, beruhigend, harmonisch,	Regt die Verdauung an, löst Krämpfe, wirkt gegen Blähungen und Entzündungen
Fichte	Kopf/Herznote: frisch, würzig, waldig, stärkend, beruhigend	Wirkt gegen Infektionen, Rheuma und Erkältungen, reinigt die Luft
Geranie	Herznote: warm, blumig, romantisch, betäubend, sinnlich anregend	Pflegt die Haut, fördert den Schlaf, hilft bei der Wundheilung, wirkt gegen Infektionen und Insekten
Hyazinthe	Herznote: schwer, süß, erotisch	Beruhigt die Nerven, hilft gegen Depressionen
Immortelle	Herz/Grundnote: schwer, herbsüß, harmonisch, wärmend	Reinigt das Blut, hemmt Entzündungen, wirkt gegen Hauterkrankungen
Ingwer	Kopf/Herznote: kräftig, feurigscharf, anregend, erotisch	Wirkt gegen Übelkeit, Erkältungen, Verspannungen, Rheuma und Kopfschmerzen
Jasmin	Herznote: betörend, blumig, süß, erotisch stimulierend	Löst Krämpfe und lindert Schmerzen
Kamille	Kopf/Herznote: krautig, warm, beruhigend	Pflegt die Haut, stärkt den Magen, fördert den Schlaf, senkt Fieber, wirkt gegen Entzündungen, Migräne, Krämpfe und Infektionen

Öl	Charakter	Wirkung
Kampfer	Kopf/Herznote: klar, anregend, erfrischend	Fördert die Konzentration, lindert Schmerzen, regt den Kreislauf an, wirkt gegen Erkältung und Rheuma
Kardamom	Kopf/Herznote: aromatisch, holzig , kräftig, erfrischend, erotisch anregend, wärmend	Fördert die Konzentration, löst Krämpfe, wirkt gegen Husten und Verdauungsbeschwerden
Latschenkiefer	Kopf/Herznote: frisch, klar, waldig-harzig, beruhigend	Wirkt antiseptisch, fördert die Durchblutung, hilft bei Erkältungskrankheiten, reinigt die Luft
Lavendel	Herznote: frisch, blumig-krautig, reinigend, lindernd	Hilft gegen Schlafstörungen, Nervenschmerzen, Atemwegserkrankungen, Akne, Verbrennungen, Rheuma, Depressionen und Motten
Lemongras	Kopfnote: kräftig, anregend, frisch, rein	Stärkt die Konzentration, senkt Fieber, hilft gegen Müdigkeit, Erkältungen, Insekten und schlechte Gerüche
Majoran	Kopf/Herznote: würzig, krautig, warm, kräftig, klar, harmonisch, entspannend	Beruhigt, lindert Schmerzen, löst Krämpfe, hilft bei der Wundheilung, wirkt gegen Infektionskrankheiten, Schlaflosigkeit, Nervosität und Angstzustände
Mandarine	Kopfnote: warm, süß, fruchtig, anregend, entspannend, fröhlich	Fördert die Verdauung, entspannt die Muskeln, hilft bei Depressionen, Nervosität und Erschöpfung
Melisse	Herznote: beruhigend, erfrischend, freundlich	Löst Krämpfe, senkt den Blutdruck, hilft gegen Angstzustände, Allergien, Magen- und Darmbeschwerden, Kreislauf- und Herzschwäche
Mimose	Herznote: lieblich, weich, zartblumig, beruhigend, erotisch	Fördert den Schlaf, löst Krämpfe, hilft gegen Nervosität und Überreiztheit
Moschuskörner	Grundnote: intensiv, schwer, erotisch	Regt das Verdauungs- und das Nervensystem an
Muskatellersalbei	Kopf/Herznote: krautig, süßlich, euphorisierend, wärmend, fröhlich	Löst Krämpfe, fördert die Verdauung, hilft gegen Bronchialentzündungen
Narde	Kopf/Herznote: warm, erdig, aromatisch, beruhigend, betäubend	Stärkt Magen und Verdauung, lindert Krämpfe, verlangsamt Herzschlag und Kreislauf, fördert den Schlaf, stärkt die Nerven, pflegt die Haut

Öl	Charakter	Wirkung
Neroli	Herznote: zart-blumig, frisch, süßlich, lieblich, stärkend, leicht euphorisierend, erotisch	Wirkt gegen Schwäche, Kopfschmerzen und gereizte Nerven
Orange	Kopfnote: fruchtig, frisch, süß, heiter, harmonisch, sinnlich anregend, wärmend	Pflegt die Haut, regt Stoffwechsel und Appetit an, hilft gegen Schlaflosigkeit und Magenschmerzen
Patschuli	Herz/Grundnote: erdig, exotisch, rauchig, schwer, erotisch stimulierend	Beruhigt die Nerven, hilft bei der Wundheilung, wirkt gegen Depressionen und Hauterkrankungen
Petitgrain	Kopfnote: herb-frisch, luftig, heiter, harmonisch, entspannend,	Stärkt das Gedächtnis, pflegt die Haut, wirkt gegen Nervosität, Angst und Magenverstimmungen
Pfefferminze	Kopfnote: frisch, kühl, scharf, anregend, klärend	Lindert Schmerz, löst Krämpfe, hemmt Entzündungen, stärkt die Verdauung, wirkt gegen Infektionen
Rose	Herznote: süß, schwer, blumig, harmonisch, betäubend, erotisch	Pflegt die Haut, stärkt das Herz, löst Krämpfe, wirkt gegen Kopfschmerzen
Rosmarin	Kopfnote: kühl, klar, frisch, anregend, stärkend, aufmunternd	Fördert Gedächtnis und Konzentration, löst Krämpfe, stärkt Magen und Herz, fördert die Durchblutung, wirkt gegen Erkältungen und Kopfschmerzen
Salbei	Kopfnote: würzig, kräftig, stärkend	Regt Abwehrkräfte und Appetit an, wirkt gegen Nervosität, Erkältungskrankheiten, vor allem Husten, und schlechte Gerüche
Sandelholz	Herz/Grundnote: holzig-süß, exotisch, wärmend, erotisch	Fördert seelische Ausgeglichenheit, wirkt entzündungshemmend und hautpflegend
Teebaum	Herznote: streng, würzig, krautig, klar, kühlend, reinigend	Wirkt keimtötend, hemmt Infektionen, unterstützt logisches Denken
Thymian	Herz/Grundnote: aktiv, feurig, würzig, krautig, frisch, stärkend, wärmend	Löst Krämpfe, stärkt den Magen, wirkt gegen Erschöpfung, Bronchialkrankheiten, Kreislaufstörungen, Verdauungsbeschwerden und Schlaflosigkeit

Öl	Charakter	Wirkung
Tuberose	Herznote: süß, blumig, betörend, erotisch	Entspannt, beruhigt, regt die Phantasie an
Vanille	Grundnote: warm, süß, heiter, besänftigend, erotisch	Hilft gegen Nervositität und Frustration
Veilchen	Herznote: süß, frisch, beruhigend	Lindert Schmerzen, hemmt Pilze, hilft bei der Wundheilung und gegen Bronchialkrankheiten
Verbene	Kopfnote: reinigend, entspannend, erfrischend	Löst Krämpfe, fördert Verdauung und Schlaf, stärkt den Magen
Vetiver	Grundnote: schwer, erdig, klar, erotisch	Stärkt die Nerven, fördert die Verdauung, wirkt gegen Depressionen
Wacholderbeere	Kopfnote: kraftvoll-fruchtig, erfrischend, anregend	Fördert Durchblutung und Schlaf, wirkt gegen Rheuma, Gicht, Nierenleiden und schlechte Gerüche
Weihrauch	Grundnote: süß, schwer, betäubend, spirituell	Pflegt die Haut, fördert die Verdauung, hilft gegen Erkältungskrankheiten, unterstützt die Meditation
Ylang-Ylang	Herznote: schwer, blumig, exotisch-süß, erotisch, euphorisierend	Senkt den Blutdruck, sowie die Atem- und Herzfrequenz, hilft gegen Schlaflosigkeit, Nervosität, Darminfektionen und Krämpfe
Zeder	Herz/Grundnote: warm, holzig, beruhigend	Hemmt Entzündungen, wirkt gegen Bronchialerkrankungen, Angstzustände, Depressionen, Hautkrankheiten und Motten
Zimt	Herznote: kräftig, süß, würzig, sinnlich anregend, wärmend	Stärkt Herz und Magen, löst Krämpfe, fördert die Durchblutung, hilft gegen Erkältungskrankheiten, Hautparasiten, Rheuma und Insekten
Zirbelkiefer	Kopf/Herznote: holzig, frisch, kräftig, beruhigend	Fördert den Schlaf und die Durchblutung, hilft gegen Atemwegserkrankungen, Rheuma und schlechte Gerüche
Zitrone	Kopfnote: spritzig, klar, säubernd, erfrischend	Desinfiziert, steigert die Abwehrkräfte, senkt Fieber, hilft gegen Entzündungen, Blutarmut, Krampfadern und Insektenstiche
Zypresse	Herznote: herb, harzig, holzig, klar, beruhigend	löst Krämpfe, stärkt die Nerven, wirkt gegen Rheuma, Krampfadern, Grippe und Heiserkeit

Getrocknete Essenzen für zarten Duft

Duftende Potpourris sind überall im Handel erhältlich. Sie können sie aber ebensogut selber machen. Trocknen Sie verschiedene Blüten, Holzspäne, Zapfen, Schalen, Gräser, Samen und Blätter. Als Ergänzung können sie noch Gewürze aus dem Küchenregal dazu geben. Verrühren Sie dann passende Duftöle mit einem Fixativ. Am gängigsten ist Iriswurzel. Sie gibt es in Apotheken und Geschäften für Bastelbedarf. Das Öl wird mit dem getrockneten Material verrührt. Dann kommt die Mischung zum Durchziehen sechs Wochen in ein dunkles, luftdicht verschlossenes Gefäß. Anschließend wird sie in einer kleinen Schale hübsch angerichtet.

Potpourris sind eine permanente Duftquelle, allerdings weniger intensiv als verdampfende Öle. Durch Umrühren oder Übergießen mit neuem Öl können Sie die Wirkung steigern.

Neben Potpourris können Sie auch Duftsteine, Hölzer oder saugfähige Stoffe mit Öl tränken. Getrocknete Kräuter und Hölzer ohne Öl geben nur einen zarten Duft. Mit Lavendel oder Zedernholz vertreiben Sie Motten aus dem Kleiderschrank. Aber auch mit getrockneten Blüten und Kräutern gefüllte Kissen verströmen einen wohltuend angenehmen Duft.

Geben Sie schlaffördernde Blüten, Blätter und Holzspäne in Ihr Kopfkissen. Wenn Sie tagsüber Schlafanzug oder Nachthemd darum wickeln, empfängt Sie abends ein wohlriechender Duft.

Problemfall Nikotin

Die schönsten Düfte wirken natürlich nur, wenn in der Wohnung nicht geraucht wird. Zwar können Salbei, Lemongrass, Wacholder oder Zirbelkiefer kalten Rauch bis zu einem gewissen Maß neutralisieren, jedoch nicht wirklich beseitigen. Wenn Sie selber Raucher sind, sollten Sie in Erwägung ziehen, gewisse Räume rauchfrei zu halten. Der Konsum von Zigaretten beeinträchtigt leider den Geruchs- und Geschmackssinn, so daß Raucher die volle Schönheit eines Duftes oder erlesenen Essens gar nicht wahrnehmen können.

Wenn Sie nicht rauchen, sollten Sie auch bei Ihren Gästen konsequent sein. Überlegen Sie sich rechtzeitig, welche Bereiche Ihrer Wohnung Sie den Rauchern zur Verfügung stellen wollen.

Eine Wohnung voller Gaumenkitzel

Ein Mensch, der mit allen Sinnen lebt, wird gutes Essen zu schätzen wissen. Schmücken Sie deshalb Ihre Wohnung mit kulinarischen Köstlichkeiten! Beziehen Sie den Geschmacksinn schon bei der Gestaltung mit ein! Füllen Sie schöne Gläser mit Konfekt und Nüssen! Stellen Sie immer frisches Obst bereit! Schmücken Sie Ihre Wohnung Ostern und Weihnachten mit dekorativem Gebäck! Füllen Sie Ihre Tee- und Kaffeesorten in Dosen und reihen Sie sie auf einem Bord auf. Lassen Sie Ihre Gäste dann schnuppern und selber auswählen! Natürlich sollten Sie auch die Zutaten – Milch, Sahne, Zitrone, Rum und verschiedene Zucker – entsprechend stilvoll servieren.

Tip

Holen Sie die Jahreszeiten ins Haus!

Potpourris komponiert man am besten gemäß der Jahreszeit. Im Frühling und Sommer sollten die entsprechenden Blüten im Mittelpunkt stehen, im Herbst kann man späte Rosen mit Holz und Beeren mischen, im Winter aus Nußschalen, Gewürzen, getrockneten Orangenschalen und Zimtöl Weihnachtsdüfte zaubern. Ein gelungenes Potpourri können Sie zurück in die Dose geben und im nächsten Jahr mit neuem Öl wiederverwenden.

Wenn auf Ihrer Küchenzeile sehr wenig Platz ist, schaffen Sie sich durch offene Regale leicht zugängliche Ablageflächen. So haben Sie Utensilien, die sie häufig verwenden sofort zur Hand. Darüber hinaus läßt sich hier auch problemlos eine kleine Hausbar einrichten.

Obst, schön präsentiert

Eine Etagere stellt einen eleganten Blickfang dar. Sie ist ideal für Trauben oder exotisches Obst. Ein geflochtener Weidenkorb dagegen ist einfach und rustikal. Er lenkt den Blick auf den Inhalt. Äpfel und insbesondere heimische Früchte sehen so besonders attraktiv aus.

Achten Sie darauf, daß nichts Faules darunter ist! Das nimmt den Appetit auf die anderen Früchte. Außerdem kann sich die Fäulnis leicht ausbreiten.

Stellen Sie nicht zuviel Obst auf! Nehmen Sie lieber eine kleinere Schale und füllen öfters nach. Sehr reifes Obst, aber auch frühe Apfelsorten verlieren schon nach ein oder zwei Tagen ihr Aroma. Wenn Sie einen Garten haben, sollten Sie am späten Nachmittag pflücken. Ein warmer Sommertag gibt den Früchten einen verlockenden Duft.

Richten Sie das Obst schön an und dekorieren Sie es! Betten Sie es auf grüne Blätter oder winden Sie einen Efeuzweig um die Schale. Geben Sie im Herbst Nüsse dazu. Spicken Sie im Advent eine Orange mit Nelken. Ihr Duft wird den Raum erfüllen und die Aufmerksamkeit auf die Schale ziehen.

Genuß statt Promille: Die Hausbar

Wenn Sie der Zubereitung eines Essens besondere Aufmerksamkeit schenken, sollten Sie bei der Auswahl und Zusammenstellung der Getränke ebenso sorgfältig sein. Probieren Sie aus, wie kreativ und genußvoll man mit einer Hausbar umgehen kann. Sie brauchen dazu keine große Ausstattung: Ein paar schöne Gläser, eine Möglichkeit, Eiswürfel zu bereiten und zwei Shaker – einen für die sahnigen Getränke, einen für die anderen – genügen. Auch eine große Auswahl harter Alkoholika ist unnötig. Sie sollten vor allem, zu einem feierlichen Essen einen Aperitif anbieten können: Sherry, Portwein, Martini, Campari Orange oder auch Liköre und Kräuterdestillate.

Setzen Sie beim Cocktailmixen auf Vielfalt, anstatt die klassischen Cocktails anzubieten. Legen Sie sich eine kleine, aber feine Auswahl zu, in der Hochprozentiges genauso vertreten ist wie erfrischende Longdrinks und Alkoholfreies, herbe Klassiker genauso wie Sahnig-süßes. Mit wachsender Erfahrung werden bestimmt auch eigene Kreationen dazukommen.

Eine passende Möblierung wirkt natürlich attraktiv, aber ein hohes Tischchen tut es für eine kleine Runde auch. Zu größeren Feierlichkeiten können Sie sich aus Möbeln und Kisten eine Bar bauen und alles mit einem großen weißen Tuch abdecken.

Feiern Sie die Jahreszeiten!

Wenn Sie Ihre Wohnung im Stil der Jahreszeiten schmücken, dann gehört ein schönes Essen mit dem Gemüse und Obst der Saison unbedingt dazu. Feiern Sie doch jede Jahreszeit mit einer schönen Einladung! Wählen Sie ein Service, das zur Saison paßt, eine Tischdecke, in der sich die Farben der Natur wiederholen, und schmücken Sie die Tafel entsprechend.

Frühlingsküche: Zur Frühlingsküche gehören unbedingt die ersten frischen Kräuter. Mischen Sie sie mit bunten Freilandsalaten und Radieschen oder servieren Sie eine leichte Kräutersuppe. Zartes Lammfleisch und Geflügel eignen sich für

Gegenüber: Viele fernöstliche Spezialitäten sind aus der heimischen Küche nicht mehr wegzudenken. Vor allem mit den überaus beliebten Chutneys erfreuen Sie sowohl Ihre Familie als auch Ihre Gäste. Darüber hinaus sind sie, in dekorative Gläser gefüllt, eine optische und geschmackliche Zierde bei jedem Essen.

Tip

Dekorativ und appetitlich: Selbstgemachtes

Selbstgemachte Marmelade, Kompott, Pickles, Essig und Öl sind mit viel zu viel Liebe und Mühe entstanden, als daß man sie im dunklen Keller verstecken sollte. Schaffen Sie sich einen Platz für Ihre Kostbarkeiten! Ein schöner Buffetschrank mit Glasvitrine neben dem Eßtisch eignet sich ideal. Essig und Öl machen sich auch gut auf einer Anrichte. Selbstgemachtes Konfekt gehört in einer schönen Schale auf den Couchtisch.

- Legen Sie Nußkerne in Honig ein! Dazu schichten Sie einfach Nüsse in ein Schraubglas und füllen mit Honig auf. Sehr dekorativ wirken Walnußhälften in hellem Akazienhonig.
- Stellen Sie Fruchtkonfekt her! Wenn Sie Obst im Dampfentsafter kochen, bleibt im oberen Sieb eine relativ trockene, sehr aromatische Masse übrig. Streichen Sie sie durch ein Sieb oder drehen Sie sie durch die Beerenmühle. Das gewonnene feste Mus kochen Sie mit Gelierzucker auf und lassen es auf einem Backblech trocknen. Danach schneiden Sie es in Rauten, die Sie in Zucker wenden. Besonders hübsch ist eine Mischung aus verschiedenfarbigen Sorten.
- Aromatisieren Sie Essig und Öl selber! Als Grundlage dienen ein guter Weiß- oder Rotweinessig, beziehungsweise hochwertige, kaltgepreßte Öle. Zum Würzen eignen sich Kräuter, Gewürze, Knoblauchzehen, frische Chilischoten Zitronen- oder Orangenschalen und getrocknete Pilze.
- Kochen Sie ausgefallene Marmeladen! Mischen Sie mehrere Fruchtsorten, geben Sie Nüsse dazu oder Alkohol! Benutzen Sie auch Wildobst wie Sanddorn, Holunder und Schlehen! Verwirklichen Sie Ihren Stil beim Einmachen. Der eine stellt lieber Apfel-Holunder mit Früchten aus dem eigenen Garten her. Dem anderen macht es Spaß, eisblaue Banane-Mango-Curaçao-Marmelade zu kreieren.

Pflaumen-Chutney
Zwiebeln Äpfel
Tomaten-Pflaumen
Chutney

den Hauptgang. Dazu passen neue Kartoffeln, Zuckererbsenschoten, Kohlrabi, gedünstete Frühlingszwiebeln und Spinat. Spargel ist ebenfalls ein klassisches Frühlingessen, ebenso Maischolle. Als Nachtisch servieren Sie Erdbeeren oder Rhabarber. Dazu könnten Sie eine leichte Vanillecreme reichen.

Sommerküche: Im Mittelpunkt der Sommerküche steht frisches Gemüse: Tomaten, Erbsen, Bohnen, Zucchini, Auberginen, Paprika, junge Möhren, Sellerie und Fenchel. Kochen Sie ruhig vegetarisch! Andernfalls eignen sich Huhn, Lamm, Rind oder Fisch. Charakteristisch für diese Jahreszeit sind sonnengereifte Kräuter zum Würzen. Zum Nachtisch bieten sich die ersten Sommeräpfel an, sowie Beeren und Steinobst. Dazu paßt Eiscreme.

Herbstküche: Im Herbst gibt es die kräftigeren Gemüse. Weiß- und Rotkohl, Schwarzwurzeln, Wirsing, Möhren, Pastinaken, Kürbisse und Pilze. Erste Wahl für den Hauptgang ist Wild. Aber auch kräftige Fleischgerichte wie Gulasch oder Rouladen passen sehr gut. Zum Nachtisch gibt es köstliche Spätfrüchte: Süße Herbstzwetschgen, Trauben, saftige Äpfel und Birnen sowie Maronen. Am besten Sie mischen alles zu einem Obstsalat und machen ihn mit Ingwer, Rosinen und Rum an.

Winterküche: Der Winter war traditionell Schlachtzeit. Der Schweinebraten, die Martinsgans oder der Weihnachtskarpfen sind jetzt genau das richtige. Dazu gehört lagerfähiges Gemüse: Kartoffeln, Maronen, Lauch, Zwiebeln, Wurzel- und Kohlgemüse. Grünkohl und Rosenkohl schmecken erst nach dem Frost richtig gut. Aber auch auf Frischkost müssen Sie nicht verzichten: Feldsalat, Zuckerhut, Chicoree und Spinat haben auch im Winter Saison. Mischen Sie Äpfel, Zitrusfrüchte oder Sonnenblumenkerne darunter. Zum Nachtisch sind Bratäpfel köstlich, aber auch die Exoten: Orangen, Mandarinen, Ananas, Grapefruits.

Zarte Klänge und magische Musik

In vielen Wohnungen läuft ständig das Radio oder der Fernseher, ohne daß jemand zuhört. Das erzeugt eine permanente Geräuschkulisse. Gehen Sie bewußter mit Musik und Klängen um. Sehen Sie sich das Radioprogramm an und suchen Sie nach Dingen, die Sie wirklich interessieren. Die Auswahl an Hörspielen, guten Informationssendungen und besonderen Musikdarbietungen ist viel größer, als man gemeinhin glaubt. Wenn Sie nichts Passendes finden, sollten Sie lieber eine CD auflegen, anstatt einen nervenzehrenden Mix aus Werbung, Talk und den neuesten Hits über sich ergehen zu lassen.

Manchmal wollen wir lieber abschalten, als unterhalten werden. Meditative Musik während einer einfachen, manuellen Arbeit ist wunderbar geeignet, die eigenen Gedanken zu ordnen. Finden Sie heraus, was Ihnen gefällt und legen Sie sich einen kleinen Vorrat zu. Aber verwenden Sie auch spirituelle Musik nicht als permanente Hintergrundmusik. Auf diese Weise verliert sie ihren Wert.

Tip

Eigene Kompositionen

Suchen Sie für jeden Raum eine passende Musik. Stellen Sie eine Kassette mit Stücken und Liedern zusammen, die den jeweiligen Charakter ausdrücken und seiner Nutzung entsprechen: Ein leichtes, frühlingshaftes Potpourri für das sonnendurchflutete Eßzimmer, getragene Symphonien zu den alten Eichenmöbeln im Wohnzimmer, Experimentelles für das elegante Büro. Wenn Sie sehr musikalisch sind, können Sie natürlich auch selber komponieren.

Das reichhaltige Angebot der einzelnen Jahreszeiten an unterschiedlichen Gemüse- und Obstsorten bietet rund ums Jahr eine interessante Abwechslung. Es ist nicht notwendig, in teuren Feinkostläden nach exotischen Spezialitäten zu suchen – auch die einheimische Küche liefert ein reichhaltiges Angebot.

Musik für jeden Anlaß

Je mehr Abspielmöglichkeiten für Musik Sie haben, desto besser. Klänge aus dem Nebenzimmer sind nur halb so schön. Ein kleines tragbares Gerät kann Abhilfe schaffen.

Vielleicht ist es aber auch möglich, einen Lautsprecher zu installieren. In der Küche, wo viel alleine gearbeitet wird, sind ein Radio und ein CD-Player auf jeden Fall eine Bereicherung. Aber auch ein Bad macht mit Musik mehr Spaß. Der geflieste Raum erzeugt einen besonders effektvollen Hall. Den schönsten Resonanzkörper für Musik bildet allerdings Holz. Wenn Sie selber musizieren, dann ist ein Raum mit viel Holz der ideale Ort. Im Alltag kann man den Schall mit Teppichen und Vorhängen dämpfen, die man für ein Hauskonzert entfernt.

Der Klang von Wasser und Wind

Manchmal sind zufällige Klänge aber schöner als wohldurchdachte Kompositionen. Wenn sich die Stäbe eines Windspiels bewegen, kann das ihr Heim verzaubern. Achten Sie beim Kauf unbedingt auf die Beschaffenheit der Röhren oder Glöckchen, nicht auf das Aussehen. Probieren Sie alle Instrumente aus, die in einem Laden vorrätig sind und suchen Sie sich das mit dem schönsten Klang aus. Verzierungen oder einen besonderen Klöppel können Sie nachträglich hinzufügen.

Ebenso anregend und gleichzeitig beruhigend ist das Plätschern von Wasser. Ein Zimmerbrunnen sieht nicht nur schön aus und befeuchtet die Luft, sondern erzeugt auch eine besinnliche, natürliche Atmosphäre. Lassen Sie sich das Gerät aber unbedingt vor dem Kauf vorführen. Bei man-

Tip

Wählen Sie das richtige Kissen!

Ob auf dem Sofa, im Lesesessel oder im Bett: Mit Kissen haben wir viel Hautkontakt. Trotzdem werden sie oft genug nur nach dem Aussehen gekauft. Dabei wäre Probeliegen viel wichtiger. Nehmen Sie sich deshalb Zeit für den Kauf eines Kissens. Suchen Sie ein Geschäft, wo Sie verschiedene Exemplare in aller Ruhe ausprobieren können.

- Dreieckige Keilkissen sind der beste „Rückhalt", wenn Sie gerne im Bett fernsehen oder lesen.
- Orthopädische Kissen enthalten ein speziell geformtes Latexteil mit Kopfmulde. Dadurch wird der Nacken gestützt, die Wirbelsäule behält ihre natürliche S-Form und Verspannungen werden vermieden.
- Eine Füllung aus Dinkelspelzen stützt den Nacken ebenfalls gut. Außerdem wirkt der natürliche Kieselsäuregehalt schmerzlindernd und vitalisierend.
- Hirseschalen sind besonders anpassungsfähig. Das Material verfestigt sich nicht und bildet keine Mulden, wie das bei Fasern der Fall ist.
- Hörnchenkissen stützen den Nacken im Sitzen.
- Eine Nackenrolle überdehnt die Muskulatur im Genick und kann so Verspannungen lösen. Unter den Kniekehlen ist sie eine Entlastung bei schweren und müden Beinen.
- Ein Augenkissen schirmt jeden Lichteinfluß ab. Es hilft bei Überanstrengung und Kopfschmerzen.

chen plätschert nur ein kümmerliches Rinnsal, bei anderen übertönt der Motor der Pumpe das Wasser.

Der Wert der Stille

Hörbücher sind während einer längeren manuellen Arbeit eine interessante Alternative zu Musik. Sehen Sie sich einmal in Ihrer Bibliothek um!

Achten Sie auf die natürlichen Umweltgeräusche, auch wenn Sie das Glück haben, in einer Wohnung zu wohnen, die vom Straßenlärm weitgehend verschont ist. Das Singen der Vögel, das behagliche Knarzen von arbeitendem Holz und die Geräusche des Windes sollten Ihre Alltagsbegleiter sein; Musik eher die Ausnahme. Denn nur dann hören Sie auch genau hin und können ihren ganzen Zauber genießen.

Je unangenehmer die Geräusche sind, die von draußen in die Wohnung dringen, desto nötiger sind effektive Schallschutzmaßnahmen. Isolierende Fenster sind zwar sehr teuer, können aber auf Dauer unendlich wertvoll für Nerven und Gesundheit sein. Sorgen Sie auch innerhalb der Wohnung für eine gute Schalldämmung. Ölen Sie Scharniere und kleben Sie Gummipuffer in den Türrahmen. Dicke Teppiche, Vorhänge und textile Wandbehänge schlucken den Raumschall. Auch geräuscharme Küchengeräte können eine Wohltat sein. Wenn Sie Ihre Wohnung nicht ganz lärmfrei gestalten können, schaffen Sie sich zumindest einen Rückzugsraum, wo Sie ungestört sind.

Sich rundum wohlfühlen

„Gefühl ist alles", heißt es in Goethes Faust, aber dennoch erscheint uns Fühlen als Sinneswahrnehmung oft wenig faßbar. Es wäre falsch, sie nur auf den Tastsinn zu reduzieren. Alles, was unsere Haut berührt –

und wenn es nur Luft ist – nehmen wir über den Gefühlssinn wahr. Wärme, bequeme Kleidung, schmeichelnde Stoffe, kuschelige Kissen, federnde Fußböden, geschwungene Treppengeländer, tastfreundliche Oberflächen: All das gehört zu den Dingen, die unseren Sinn verwöhnen. Je mehr Kontakt wir mit einem Material haben, desto wichtiger wird die richtige Auswahl.

Kleine Wärmequellen

Wärme gehört zu unseren elementaren Bedürfnissen. Wenn wir frösteln, können wir uns nicht richtig wohlfühlen. Eine kalte Wohnung ist deshalb der falsche Weg, Energie zu sparen. Doch oft sind kleine Tricks, die den Körper direkt wärmen, viel effektvoller als die Heizung.

Halten Sie sowohl im Wohnzimmer wie im Schlafzimmer eine warme Wolldecke griffbereit. Wenn nachts der Kreislauf absinkt oder der Körper durch langes Sitzen auskühlt, ist eine Decke eine einfache und effektive Gegenmaßnahme. Die Temperatur unserer Füße hat großen Einfluß auf unser Wohlbefinden. So können warme Socken oder ein warmes Fußbad dem Kältegefühl im ganzen Körper entgegenwirken. Umgekehrt ist ein kaltes Fußbad im Sommer eine wirksame Erfrischung.

Verwöhnen Sie sich, indem Sie im Winter rechtzeitig vor dem Schlafengehen eine heiße Wärmflasche zwischen Laken und Decke schieben. Benutzen Sie dazu ein Modell mit weichem Überzug. Das fühlt sich angenehm an und verhindert, daß Sie sich am heißen Gummi verbrennen. Kirschkernkissen wirken ähnlich wie Wärmflaschen. Sie werden im Ofen aufgeheizt und bleiben dann lange mollig warm. Es gibt auch Nackenhörnchen oder „Handys“, die speziell gegen Verspannungen im Genick oder kalte Hände helfen. Im Gefrierfach gekühlt können die Kissen zur Kältebehandlung dienen. Aber auch Heublumenkissen sind ein bewährtes Hausmittel zur lokalen Wärmebehandlung. Sie werden zusammen mit einer Schale Wasser im Backofen erhitzt. Die Feuchtigkeit setzt die Wirkstoffe der Blumen frei.

Wärmen Sie Ihr Bett mit einer heißen Wärmflasche vor. So können Sie sich auch in einem kühlen Schlafzimmer auf ein mollig warmes Nachtlager freuen.

Tip

Das richtige Raumklima

- Heizen Sie Ihre Räume so, daß Sie sich wohl fühlen. Zuviel Wärme begünstigt Krankheitskeime, schwächt das Immunsystem und verschwendet Energie.
- Messen Sie die Luftfeuchtigkeit mit einem Hygrometer. Wenn Sie ein Ergebnis zwischen 40 und 60 Prozent erhalten, ist das ideal. Niedrigere Werte trocknen die Schleimhäute aus und wirbeln Schadstoffe auf, höhere begünstigen das Wachstum von Mikroorganismen.
- Naturmaterialien wie Textilien, Sisal, Kokos, Holz, Lehm oder Gips nehmen ohne Schaden Feuchtigkeit auf und geben sie bei trockener Luft wieder ab. Damit wirken sie regulierend auf das Raumklima.
- Lüften Sie gut. Dreimal am Tag einige Minuten Durchzug sind am effektivsten.
- Salzkristallampen sollen die Luft durch die Abgabe positiver Salzionen verbessern. Auf jeden Fall aber sehen sie hübsch aus.

Infothek: Der praktische Hintergrund

Baustoffe:

Giftfreie, unbedenkliche Baustoffe erhalten Sie in ökologischen Baumärkten. Einige davon sind unter dem Begriff „Öko+Partner" zusammengeschlossen. Aber auch konventionelle Baumärkte und Baustoffhändler achten mehr und mehr auf unbedenkliche Waren. Suchen Sie sich ein Geschäft, in dem Sie gut beraten werden und Fragen nach der Gesundheitsverträglichkeit der Produkte ernst genommen werden.

Elektrosmog:

Halten Sie Abstand! Die Ausstrahlungen der meisten Haushaltsgeräte sind in einem Meter Entfernung nicht mehr nachweisbar. Besondere Vorsicht ist im Schlafzimmer geboten. Elektrische Leitungen in Kopfnähe oder Radiowecker können für starke Felder sorgen, die den Schlaf beeinträchtigen. Sogenannte Netzfrei-Schalter und Bioinstallationskabel schirmen Elektrosmog ab. Fehlerhafte elektrische Installationen können zu riesigen Feldern führen, die nur ein Fachmann nachweisen kann. Wenn Sie sich in Ihrem Haus müder und abgespannter fühlen als in fremden Räumen und diffuse Krankheitsymptome ohne erkennbare Ursache haben, sollten Sie eine Messung durchführen lassen.

Farben:

Verwenden Sie im Innenbereich nur lösungsmittelfreie Wandfarben und Lasuren. Lösungsmittel trocknen die Haut aus und können Kopfschmerzen verursachen. Viele synthetische Lösungsmittel und Kunstharze stehen sogar im Ruf, Krebs zu verursachen. Lacke enthalten immer Lösungsmittel. Der Blaue Engel kennzeichnet Produkte mit reduziertem Anteil. Empfehlenswerter sind die Lacke und Farben der Naturfarbenhersteller (Auro, Biofa, Pio-Pinn, Aglaia, Leinos, Livos, Holzweg, Heesedorfer, Aquamarijn, Volvox), die nur natürliche Harze und Öle verwenden. Wer zu Allergien neigt, sollte speziell für Allergiker hergestellte Produkte nehmen. Naturfarben gibt es in ökologisch orientierten Baumärkten.

Haushaltsgeräte:

Energiesparende Haushaltsgeräte erkennen Sie an den Buchstabenbezeichnungen A bis E. A kennzeichnet die Geräte, die den niedrigsten Verbrauch haben.

Heizung:

Besonders behaglich ist Strahlungswärme. Sie entsteht, wenn große Flächen aufgeheizt werden und ihre Wärme langsam abgeben. Im Gegensatz zu normalen Heizkörpern wird dabei die Luft nicht aufgewirbelt. Kachelöfen oder Hypokaustenheizungen geben fast nur Strahlungswärme ab. Auch eine massive, freie Wand über dem Heizkörper speichert Strahlungswärme. Deshalb ist es gut, Heizkörper nicht unter ein Fenster zu montieren. Viel Strahlungswärme erzeugt auch eine Sockelheizung, die in niedriger Höhe ringsum im Zimmer verläuft.

Holz:

Holz muß ausreichend getrocknet und abgelagert sein, damit es nicht mehr arbeitet. Sonst kann es zu Schwund kommen. Holz, das im Winter während der Saftruhe geschlagen wurde, arbeitet besonders wenig. Viele Fachhändler achten darauf. Sorgen Sie in Räumen, in denen viel Holz verbaut wurde, für eine gleichmäßige Luftfeuchtigkeit. Ansonsten kann es durch Quellen und Wiederaustrocknen eventuell Fugen bilden. Am besten verwenden Sie einheimisches Holz aus der näheren Umgebung. Achten Sie beim Kauf auch auf das Zeichen FSC des Forest Stewartship Council. Diese Organisation kontrolliert weltweit eine umwelt- und sozialverträgliche Holzwirtschaft. Mit diesem Zeichen – und nur damit – können Sie auch bedenkenlos Tropenholz verwenden. Andere Versprechungen sind nach Angaben der Verbraucher-Verbände meist wertlos.

Ein zweiter Blick lohnt bei elektronischen Geräten allemal! Prüfen Sie, ob eventuell Kabel beschädigt sind, die die Qualität beeinflussen können. Auch bei der Planung Ihrer Wohnung sollten Sie darauf achten, daß elektrische Leitungen in der Nähe Ihres Bettes gesundheitliche Probleme verursachen können.

Klebstoffe:

Lösungsmittel aus Klebstoffen tragen viel zum Sick Building Syndrom bei. Klebstoffe kommen in Möbeln, Polsterwaren und Bodenbelägen vor. Erkundigen Sie sich, ob lösungsmittelarme oder noch besser lösungsmittelfreie Kleber verwendet worden sind.

Leder:

Leder ist oft mit giftigen Substanzen wie Chrom VI oder Pentachlorphenol (PCP) belastet. Diese Stoffe sind zwar in Deutschland verboten, werden aber in Entwicklungsländern eingesetzt. Die Gerbung ist dort meist auch mit katastrophalen Auswirkungen für die Umwelt und die Gesundheit der Arbeiter verbunden. Sie sollten sich deshalb vor dem Kauf von Lederprodukten nach Schadstoffkontrollen erkundigen. Produkte, die in Europa gegerbt worden sind, enthalten in der Regel keine gefährlichen Schadstoffe. Rein pflanzlich gegerbte Leder sind vollkommen unbedenklich.

Leuchten:

Energiesparleuchten verbrauchen nur 20 Prozent der Energie, die eine normale Glühbirne braucht und leben nach Herstellerangaben sechs- bis zehnmal so lange.

Allergien sind eine inzwischen weit verbreitete Volkskrankheit. Prüfen Sie daher Stoffe mit denen Sie Hautkontakt haben auf ihre Verträglichkeit. Diese Textilien sollten Sie vor dem ersten Gebrauch immer waschen!

Schnelles Ein- und Ausschalten, etwa wenn Kinder am Schalter herumspielen, bekommt ihnen nicht. Auch Leuchtstoffröhren sind sparsam im Verbrauch und haben eine lange Lebensdauer. Die Energieausbeute von Halogenleuchten liegt circa 20 Prozent über der von Glühbirnen. Vollspektrum- oder Tageslichtleuchten umfassen das gesamte Farbspektrum des natürlichen Tageslichts. Achten Sie darauf, daß die Lampen den UV-B-Bereich zwischen 320 und 280 Nanometern umfassen, der für die Wirkung besonders wichtig ist. Die gesundheitsschädlichen UV-C-Strahlen haben eine Wellenlänge unter 280 Nanometer. Achten Sie auch auf die Farbtemperatur. Lampen mit über 6000 Grad Kelvin haben ein sehr hartes, blaues Licht, das eher der Morgensonne entspricht, während Lampen unter 6000 Grad Kelvin in ihrer Wirkung eher dem Mittagslicht ähneln. Ein Vorschaltgerät für die Leuchten kann die elektromagnetische Strahlung und das Flimmern reduzieren, spart circa 30 Prozent Energie und verlängert die Lebensdauer der Leuchten.

Naturkost:

Mit dem Etikett „Öko“ oder „Bio“ dürfen in Europa nur Lebensmittel verkauft werden, die den Europäischen Richtlinien für Ökologische Erzeugung entsprechen. Dadurch werden sowohl Pestizide, Insektizide und Mineraldünger bei der Herstellung ausgeschlossen wie künstliche Zusatzstoffe oder Gentechnik bei der Verarbeitung. Auch eine artgerechte Tierhaltung ist garantiert. Strengere Richtlinien haben noch die kontrolliert-biologischen Anbauverbände Biokreis Ostbayern, Bioland, Biopark, Demeter, Ecovin, Gäa, Naturland und Ökosiegel. Die Produkte sind in Naturkostläden, Reformhäusern, aber auch mehr und mehr im Supermarkt zu finden.

Reinigungsmittel:

Viele Reinigungsmittel enthalten scharfe Chemikalien, die weder Gesundheit noch Umwelt zuträglich sind. Weichen Sie auf unbedenkliche Produkte aus. Sie finden diese zum Beispiel in Naturkostläden. In den Spinnrad-Drogeriemärkten bekommen Sie Basissubstanzen, die Sie selber zusammenmischen können. Informieren Sie sich auch über alternative Reinigungsmethoden. Ein Schuß Essig kann beispielsweise im Wischwasser die Chemie meist völlig ersetzen. Orangenöl ist ein hervorragender Fettlöser.

Second Hand:

Werfen Sie alte, aber gebrauchsfähige Dinge nicht weg! Für Textilien gibt es Second-Hand-Läden. Möbel finden auf den Wertstoffhöfen meist reißenden Absatz. In vielen Städten gibt es auch Arbeitsloseninitiativen, die Möbel wieder herrichten, oder Gebrauchtwarenhäuser. Die Adressen lassen sich oft beim örtlichen Sozialamt erfragen. In sogenannten Sperrmüllzeitungen können Sie fast alle Produkte erfolgreich inserieren.

Stoffe:

Waschen Sie Textilien unbedingt vor dem ersten Gebrauch. Die meisten Stoffe gehen heute zwar kaum noch ein, dafür sind sie mit einer Unzahl Chemikalien behandelt, die sie formresistent, bügelleicht und knitterfrei machen sollen. Ein Baumwollstoff kann bis zu 15 Prozent seines Gewichtes aus Kunstharzen und anderen chemischen Beigaben bestehen. Dekostoffe sind meist noch stärker behandelt als Kleiderstoffe. Wenn Sie sichergehen wollen, daß Grenzwerte für Schadstoffe eingehalten werden, suchen Sie nach dem Siegeln „Öko-Tex Standard 100" oder dem des TÜV. Das Eco-Proof-Zeichen des TÜV zeigt an, daß die Rohstoffgewinnung, der Transport und das Verbot von Kinderarbeit kontrolliert wurde. Bei Naturwarenherstellern erhalten Sie Stoffe und Textilien, die nicht mit Chemie, sondern durch eine aufwendigere Verarbeitung pflegeleicht gemacht wurden.

Teppiche:

Teppiche können eine beträchtliche Menge Chemikalien ausdünsten und somit das Wohlbefinden beeinträchtigen. Achten Sie auf die Schadstoff-Prüfzeichen GuT oder TÜV. Reine Wollteppiche sind weniger belastet, da Wolle von Natur aus Schmutz abweist und sich nicht elektrisch auflädt. Wollteppiche enthalten allerdings meist Mottenschutzmittel. Reine Naturteppiche ohne jede Chemie, die sogar kompostierbar sind, erhalten Sie unter den Firmennamen Oschwald, Donau Tufting, Duro Floor, Ökologisches Zentrum, Tretford in ökologisch orientierten Fachhandlungen. Verwenden Sie zum Verkleben von Teppichen nur lösungsmittelfreie Kleber, die der Hersteller speziell zu diesem Produkt empfiehlt. Die Kleber können sonst aus den Schaumrücken der Teppiche giftige Substanzen lösen.

Bringen Sie gebrauchte Möbel nicht zum Sperrmüll, sondern bieten Sie diese in Second-Hand-Läden an. Anderen machen Sie mit diesen Stücken vielleicht eine große Freude.

Transformatoren:

Viele Geräte, z.B. Niedervolt-Halogenleuchten, haben Transformatoren, die die Spannung ändern. Vorgeschaltete Transformatoren erkennt man an quadratischen Gehäusen am Stecker. Durch sie läuft immer Strom, auch wenn das Gerät abgeschaltet ist. Sie erkennen das daran, daß das Transformatorenteil heiß ist. Stecken Sie solche Geräte in eine Steckdosenleiste mit Schalter, damit Sie sie auch ausmachen können. Das spart Strom und überflüssigen Elektrosmog.

Adressen- und Bezugsquellenverzeichnis

Adressen, die weiterhelfen:

Bettwaren, ökologisch:

Grüne Erde GmbH
Innstraße 51, 84359 Simbach am Inn
(Matratzen, Bettwaren, Holzmöbel)

Ollel Manz GmbH Origo
Perlenweg 3, 73525 Schwäbisch Gmünd
(Matratzen, Bettwaren, Holzmöbel)

Drogerie:

Spinnrad GmbH
Am Bugapark 3, 45899 Gelsenkirchen
(Kosmetik, Reinigungsmittel, Duftöle, Windspiele, Geschenkartikel)

Duftöle:

Neumond GmbH
Mühlfelderstraße 70, 82211 Herrsching

PotPurella
Marienstr. 13, 79098 Freiburg

Primavera Life GmbH
Am Fichtenholz 5, 87477 Sulzberg

Elektrosmog:

Wissenschaftsladen Bonn e.V.
Buschstr. 85, 53113 Bonn
(Beratungsstelle)

Meßinstitute
(Siehe unter Wohnraumgifte)

Möbel, ökologisch:

Bundesverband Ökologischer Einrichtungshäuser e.V.
Subbelrather Str. 26 a, 50823 Köln
(Information, Adressenliste angeschlossener Einzelhändler)

Verbraucherinformation:

Arbeitsgemeinschaft der Verbraucherverbände e.V.
Heilsbachstr. 20, 53123 Bonn
(Informationen, Broschüren, Adressen der Beratungsstellen)

Verbraucher-Initiative e.V.
Breite Straße 51, 53111 Bonn
(Informationen, Broschüren, Beratung)

Das alternative Branchenbuch
Altop Verlag, Gotzinger Str. 48, 81371 München
(„Gelbe Seiten“ für alternative Produkte und Dienstleistungen in ganz Deutschland)

Stiftung Warentest
Lützowplatz 11-13, 10785 Berlin
(Produkttests, Zeitschrift mit Testergebnissen)

Ökotest
Kasseler Str. 1 a, 60486 Frankfurt am Main
(Zeitschrift mit ökologisch orientierten Produkttests)

Versandhandel:

Eine-Welt Team Versand
Am Teichgraben 2, 49163 Bohmte
(fairer Handel mit Entwicklungsländern)

gepa mbH
Talstr. 20, 58321 Schwelm
(fairer Handel mit Entwicklungsländern)

Gute Dinge Versand
Pfaffengasse 6, 56379 Holzappel
(handwerkliche Wertarbeit)

Manufactum KG
Elbestr. 12, 45768 Marl
(handwerkliche Wertarbeit)

Panda-Versandhandels GmbH
Pforzheimerstraße 128, 76275 Ettlingen
(ökologisch orientiert)

Waschbär-Versand GmbH
79098 Freiburg
(ökologisch orientiert)

Vollspektrum-Lampen:

Bio-Licht
Obergünzlstr. 46, 84579 Unterneukirchen

True-lite
Sonnenstr. 29, 85356 Freising

Wohraumgifte:

Arbeitsgemeinschaft der ökologischen Forschungsinstitute (AGÖF) e.V.
Alexanderstr. 17, 53111 Bonn
(Adressenliste geprüfter baubiologischer Meßtechniker)

Institut für Baubiologie + Ökologie Neubeuern
Holzham 25, 83115 Neubeuern
(Adressenliste geprüfter baubiologischer Meßtechniker)

Hersteller-Nachweis

Alno AG
88629 Pfullendorf, Tel.: 07552/210

Artemide GmbH
Itterpark 5, 40724 Hilden,
Tel.: 02103/2000-0

Club Creation CC Wohndecor GmbH & Co. KG
Postfach 100890, 33508 Bielefeld, Tel.: 0521/925990-0

Descamps über Klemm Textilvertrieb
Am Mühlplatz 18, 77694 Kehl,
Tel. 07851/94360

Domicil Möbel GmbH
Bäuerlinshalde 48, 88131 Lindau/
Bodensee, Tel.: 08382/962096

JAB Anstoetz
Potsdamer Str. 160, 33719 Bielefeld, Tel.: 0521/2093-0

JAB Anstoetz
Dammheider Str. 67, 32052 Herford, Tel.: 05221/774-0

Leonardo
Postfach 1354, 3303 Bad Driburg-Herste, Tel.: 05253/86-0

Manufactum
45729 Waltrop, Tel.: 02309/939050

Osborne & Little
Josephspitalstr. 6, 80331 München, Tel.: 089/2366000

WK-Wohnen Einrichtungs-GmbH
Heilbronner Str. 4, 70771 Leinfelden-Echterdingen, Tel.: 0711/9906-0

Register